O Teatro Ontem e Hoje

Coleção Debates
Dirigida por J. Guinsburg

Produção: Plinio Martins Filho

célia berrettini
O TEATRO ONTEM E HOJE

EDITORA PERSPECTIVA

Copyright © Editora Perspectiva, 1980.

Direitos reservados à
EDITORA PERSPECTIVA S.A.
Av. Brigadeiro Luís Antônio, 3025
01401 — São Paulo — Brasil
Telefone: 288-8388
1980

SUMÁRIO

APRESENTAÇÃO 9

I. TEATRO CÔMICO ONTEM E HOJE

1. François Villon, Dramaturgo?. 15
2. Um Entremez Cervantino 23
3. Uma Comédia de Racine. 31
4. Molière e a Juventude 37
5. Beaumarchais, Discípulo de Molière 41
6. Martins Penna, o Molière Brasileiro 47
7. A Linguagem de Ionesco. 53
8. De Plauto a Suassuna: o Qüiproquó 61

II. O TEATRO DO SÉCULO DE OURO ESPANHOL E FRANCÊS

9. O Conflito Amor/Sociedade em *La Celestina* 69
10. Um Drama Rural de Lope de Vega 77
11. Segismundo uma Personagem Calderoniana 85
12. Racine e a Grécia 91
13. *Bajazet* e o inconsciente de Racine. 97

III. O TEATRO ROMÂNTICO

14. Rousseau e a Arte Dramática 107
15. O D. Juan Romântico, de Zorrilla 119
16. *Leonor de Mendonça* — O Prólogo 123

IV. O TEATRO DO SÉCULO XX

17. O Romeu de Pirandello 133
18. Leonardo ou em Torno de um Nome de *Bodas de Sangue* 139
19. Inês de Castro no Teatro de Montherlant 145
20. A Linguagem Coloquial de Nelson Rodrigues 159

À minha mãe

APRESENTAÇÃO

Esta coletânea é um itinerário ensaístico através de obras e autores do teatro de diferentes nacionalidades e de distintas épocas, justificando-se, pois, o título, se bem que dramaturgos de relevo sejam apenas mencionados, tais como os clássicos gregos e latinos, enquanto Gil Vicente, Shakespeare, Ibsen e Miller ou Brecht, entre outros, são os grandes ausentes.

Sem seguirem uma rígida programação, vários destes trabalhos foram publicados no "Suplemento Cultural" de *O Estado de São Paulo* e no "Suplemento Literário" de *Minas Gerais;* e variável é a natureza de sua abordagem: se num domina a visão sociológica — é o caso de "O conflito amor/sociedade em *La Celestina*" —, noutro surge o enfoque psicanalítico — *"Bajazet* e o inconsciente de Racine"... Há, porém, afinidades; traços que os aproximam, garantem-lhes a unidade.

Um primeiro conjunto — O Teatro Cômico Ontem e Hoje — é constituído por autores (ou obras), desde François Villon, o poeta francês do século XV que teria sido o autor daquela

divertidíssima farsa considerada a primeira comédia pré-Molière
— *Mestre Pathelin* — até o nordestino Suassuna, com *O Santo e
a Porca*. Sem pretendermos traçar uma linha evolutiva do gênero
cômico, há um desfilar de comédias. *Mestre Pathelin* atravessa
rapidamente essas páginas porque mais nos interessa é provar a
autoria de Villon, segundo estudos recentes; seguem-na "Um
entremez cervantino", "Uma comédia de Racine", "Molière e a
juventude" e peças de dois discípulos deste insigne comediógrafo
do século de Luís XIV: *O Barbeiro de Sevilha*, de Beaumarchais,
nas pegadas de *A Escola das Mulheres;* e o teatro de Martins
Penna, "o Molière brasileiro". Mas se o Racine cômico se baseia
na Comédia Antiga de Aristófanes, Molière muito deve a Plauto,
o imortal autor latino que criou o avarento Euclião, fazendo
rir mediante vários procedimentos, entre os quais o qüiproquó,
e que teve descendência brasileira: Suassuna, o criador do Euricão
obcecado com a posse da "rica" porca de madeira — a equivalente
à "panelinha" de Euclião e ao cofre de Harpagon; donde o
estudo intitulado "De Plauto a Suassuna: o qüiproquó". E um
singular autor cômico que criou escola — Ionesco e os seus
absurdos — não poderia deixar de comparecer; é um Molière
século XX, preocupado com a linguagem e a sua esclerose, refletindo
problemas palpitantes: "A linguagem de Ionesco".

Um segundo conjunto compreende dramaturgos de uma
época brilhante da História do Teatro: *O Século de Ouro Espanhol
e Francês*. Porém, precedendo "Um drama rural de Lope
de Vega" e "Segismundo, uma personagem calderoniana" de
Pedro Calderón de la Barca, os dois expoentes máximos do
Teatro da *Edad de Oro*, vem o estudo de um aspecto de uma
obra cuja importância lhe justifica a presença, se bem que represente
a transição entre a Idade Média e o Renascimento —
"O conflito amor/sociedade em *La Celestina*"; e, como a figura
talvez mais significativa do século XVII francês, surge um grande
trágico: "Racine e a Grécia" e "*Bajazet* e o inconsciente de
Racine".

Um terceiro conjunto — *O Teatro Romântico* — focaliza
o "Prólogo de *Leonor de Mendonça*", do nosso Gonçalves Dias,
considerada lídima obra-prima do Teatro Brasileiro e uma das
melhores peças históricas em língua portuguesa; e *D. Juan Tenório*,
do espanhol Zorrilla, obra que trata de maneira muito *sui generis*
a lendária figura do inveterado conquistador de mulheres.
Vêm, no entanto, precedidas de "Rousseau e a arte dramática",
uma vez que "o filósofo" daquele "Século das Luzes", malgrado
a influência dos clássicos do século XVII — Racine, Corneille e
Molière —, sempre se colocou, numa certa medida, em suas
personagens...

Um quarto e último conjunto é *O Teatro do Século XX*, que compreende quatro vultos, tão dessemelhantes, mas tão pioneiros da moderna dramaturgia: Pirandello, com seu "Romeu" da peça *Não se sabe como;* Lorca, com seu "Leonardo" de *Bodas de Sangue;* Montherlant, com sua doce "Inês de Castro"; e Nelson Rodrigues, com suas personagens que se exprimem naturalmente, constituindo o melhor exemplo da transposição da "Linguagem coloquial" no teatro brasileiro.

Eis alguns aspectos relevantes deste *O Teatro Ontem e Hoje*.

C.B.

– I. O TEATRO CÔMICO ONTEM E HOJE

1. FRANÇOIS VILLON, DRAMATURGO?*

"Mas onde estão as neves de antanho?"
("Mais où sont les neiges d'antan?")

É o estribilho da "Balada das damas de outrora" ("Ballade des dames du temps jadis") que, como um relâmpago, à simples leitura do nome François Villon, surge à mente dos que têm uma formação francesa; e tal verso, repetido como numa obsessão, coloca esses leitores, de maneira ineludível, diante da verdade: a irreversível passagem do tempo e da vida.

Poeta maldito, o mais acabado tipo do "mauvais enfant", sempre oscilante entre o bem e o mal (assassino e ladrão que conheceu períodos de remorso e candura para cair depois, novamente, no crime), legou-nos obra que, com exceção de certas composições de circunstância ou meros exercícios artificiais, é um reflexo dessas oscilações, constituindo um verdadeiro "grito

* ("Suplemento Cultural" de *O Estado de São Paulo*, 17/6/1979, p.4).

15

do coração". Efusão religiosa, mas ímpetos epicuristas que se traduzem no refrão: "Não há outro tesouro senão o de viver à vontade"; emoção sincera, mas humor às vezes macabro, que o leva a meditar sobre a morte.

Se no seu *Pequeno Testamento (Lais)*, numa feliz associação de alegria e realismo, faz-nos rir quando deixa, como herança, ao sapateiro seus velhos sapatos, ao barbeiro suas pontas de cabelo e ao "freppier" suas roupas remendadas, já no *Grande Testamento*, com o olhar sem compaixão do exame de consciência, sonda sua própria alma e no-la oferece, sem nada omitir; revê seus anos de aluno vagabundo, lamentando o tempo perdido; recorda os amigos — grandes e pequenos, nobres e burgueses —; sente a presença da Morte, inexorável e niveladora, cuja aproximação fez da bela jovem Heaulmière uma velha decrépita que chora a juventude e a formosura passadas; e, se faz ainda seu testamento — às vezes irônico, mas menos divertido —, dirige emocionantes pensamentos aos pais, oferecendo uma Balada à mãe... Está assim explicada a admiração incondicional dos românticos, que nele viram um digno antepassado.

Se incontestável é sua importância na lírica francesa, o mesmo não pode ser dito quanto ao seu lugar na dramaturgia, ou melhor, foi-lhe negada a posição de dramaturgo, após lhe terem atribuído, durante algum tempo, a autoria de certas farsas. Há pouco, porém, Jean Deroy, da Universidade de Utrecht, crendo que Villon não se teria limitado à lírica, passou a defender a tese de um Villon dramaturgo[1]. Com efeito, mesmo uma composição como "Debate do Coração e do Corpo" ("Débat du Coeur et du Corps") pode ser considerada "uma peça de teatro, com duas personagens, habilmente construída no interior de uma balada" (p. 18) e esta traz a assinatura do poeta, por meio de um acróstico na última estrofe. Ora, Villon teria tido a tendência e até mesmo a obsessão de assinar suas obras, apondo seu nome, sob a forma de acróstico, em várias baladas do *Testamento*, que aqui preferimos traduzir:

Senhora do Céu — v. 903-908
Falsa Beleza — v. 941-949
Se eu amo e sirvo — v. 1621-1626

e, insistindo nessa atitude, em várias das *Poesias Diversas*, ora graças aos versos acrósticos, ora, muito naturalmente: François, ou Villon, ou ainda François Villon.

---

1. DEROY, Jean. *François Villon — Coquillard et auteur comique*. Paris, Nizet, 1977.

Foi essa obsessão do poeta — assinou inclusive uma Balada em jargão "jobelin" — que levou Deroy a proceder a uma série de pesquisas nas peças de teatro consideradas anônimas, pensando que se autores como Guillaume de Machaut e Christine de Pisan, que nada tinham a ocultar na vida, haviam-se utilizado da "transformação de assinaturas", com muito maior probabilidade teria Villon lançado mão de tal procedimento, uma vez que, por sua vida de crimes e falcatruas, se vira na necessidade de ocultar-se; em resumo, um "Coquillard", membro de um grupo de gangsters da época que operou por toda a França nos meados do século XV. Entre a obsessão de assinar suas obras e a necessidade de manter-se incógnito, surgira-lhe a idéia de transformar a assinatura, mesmo porque, entre os membros do Bando da "Coquille", era usual a adoção de segundos nomes, escamoteando o verdadeiro, para não correrem o risco de traição por parte dos companheiros, sob o peso das torturas.

Apoiado no caso de Guillaume Machaut — que oferece uma grande variedade de assinaturas, graças a anagramas e a outras técnicas aptas para transformar seu nome —, e no caso daquela simpática poetisa Christine de Pisan — mais próxima, cronologicamente, de Villon —, desenvolve o pesquisador toda uma engenhosa tese para provar o trabalho de Villon dramaturgo; teria este assinado suas farsas com seu(s) nome(s) de "Coquillard", em criptograma. E é assim que atribui a Villon importantíssimo papel na História da Literatura, uma vez que, além de poeta lírico consagrado, foi um grande autor dramático, cujo nome se encontra bem engenhosamente inserido numa série de oito peças, que estão encabeçadas pelas conhecidas e famosas:

1. *A Farsa do Mestre Pierre Pathelin*
2. *A Farsa da Tina*
3. *O monólogo do Franco Arqueiro de Baignolet*

Da lista, as mais admiradas são essas três, sendo que a primeira farsa é, como se sabe, uma obra-prima do gênero cômico, pré-Molière, e que é digna de receber a designação de *comédia*.

Vejamos alguns nomes de que se serviu Villon, ao longo de sua vida. Se, inicialmente, passa seu verdadeiro nome — François de Loges — para François Villon, a fim de, como diz ele num poema de oito versos, o de número IX, "honrar" o capelão Villon, seu pai adotivo, vai depois engendrar falsos nomes, a partir daquele que pretendera honrar: François Villon será, para os amigos "Coquillards", *Simon le Double;* ou transformará o Villon em *Six Aulnes* (seis varas) para assinar sua *Farsa do Mestre Pathelin*. Limitemo-nos a alguns desses nomes, embora tenha Deroy estudado amplamente o assunto e descoberto distintas assinaturas.

O nome *Simon le Double* está estreitamente ligado ao Bando dos "Coquillards" e Pierre Champion, entre outros autores, estudou as relações entre Villon e tal grupo: o poeta não só conhecia seu jargão, como chegou a dele servir-se na composição de baladas; teve dois amigos "Coquillards" (Régnier de Montigny e Colin de Cayeux) que acabaram mal; participou dos crimes do bando, tendo cometido pelo menos um roubo de vulto, no Colégio de Navarre, se bem que seu nome François Villon não conste na lista dos "Coquillards", lista com data de 1455 e que se encontra em Dijon. Mas figura ele sob outro nome — idéia aventada por Deroy; e esse nome seria *Simon le Double*, que vem, naquele documento, seguido dos seguintes sinais: "que tem o lábio superior fendido" ("qui a la lèvre dessus fendue..."). Ora, a rixa entre Villon e Philippe Sermoise ou Chermoye, em 1455, provocou a morte do segundo, dois dias após, e foi a causa de uma provável cicatriz no primeiro, bem visível, pois cortou-lhe o lábio, com grande perda de sangue ("la baulieuvre du visage en grant effusion de sang"), conforme reza a "Carta de Remissão" que conta o fato, pormenorizadamente (p. 70 e seguintes).

Lançando mão de documentos afetos ao caso e de dicionários do francês antigo para esclarecer dúvidas quanto ao vocabulário empregado e, conseqüentemente, ao sentido — seria o lábio superior ou inferior? —, o estudioso Deroy chega a identificar Villon com o famoso "Coquillard" *Simon le Double*. A homonímia perfeita entre *Simon* e *Six monts* (seis montes) é inegável e o autor aconselha que se desenhe seis montes ou montanhas e que se pergunte qual a sua representação; "o senhor acaba de resolver um enigma da Picardia!", conclui ele triunfalmente (p. 83). Procede ainda à substituição, comum na época, do número *six* (seis), escrito com todas as letras, pelo algarismo romano VI: *six monts* se tornam então *VI monts*.

E daí: VIMON
         M VI ON,

faltando graficamente apenas os *dois L, le double* (L duplo), em que o M corresponde ao seu título abreviado de Maistre, Magister, que aparece em todos os documentos oficiais. Aliás, é preciso recordar que Villon foi "Mestre em Artes (Letras)", pela Sorbonne, em 1452, sendo pois um título a que tinha direito.

Desta maneira, o número *SIX*, pronunciado *SI*, e escrito *VI* mas pronunciado *VI*, é a base da transformação de *Villon* em *Simon*. E outra engenhosidade assinalada seria a de escrever ou de pronunciar os dois l como *l duplo*, segundo o esquema seguinte:

```
        S I M O N  LE DOUBLE
        SI (X) MON(TS) LL
        VI    MON      LL
    M      VI LL ON
    M(aistre)VI LL ON
```

Ora, afirma o erudito e engenhoso decifrador de assinaturas, nenhum "Coquillard" com lábio fendido é conhecido sob um nome sujeito à possível transformação em Villon; só pode, portanto, ser Villon. E tomando os dois poemas de oito versos (os de número IX e XI), dos quais o primeiro já foi mencionado por nele ter Villon confessado a mudança de seu nome *Loges* para *Villon*, mostra Deroy como, no segundo, o poeta dispõe das "tendas" e "pavilhão" ("Loges") em favor dos amigos, escrevendo os versos que preferimos aqui traduzir, literalmente:

v. 317 - Ele não tem tenda nem *pavilhão* (*pavillon*)
    que não tenha deixado a seus *amigos* (*amis*)
    e não tem senão um pouco de *bilhão* (*billon*)
v. 320 - que será logo ao fim *posto* (*mis*)

O poeta *François de Loges* passou, pois, a *François Villon*, mas este nome foi transformado para os amigos "Coquillards" em *Simon*, que aparece no final da estrofe:
v. 319 - *billon*
v. 320 - *mis*
uma vez que, lido da direita para a esquerda, dá o anagrama:

```
S I M       N O L L
S I M O N       L L (le double!)
```

havendo, ainda, uma terceira transformação: *François de Lesnois de Paris*

```
L E S    N O I S
  S I    O N L E S ("L")
  V I    O N L L
  V I    L L O N
```

Mas vejamos a assinatura de Villon, naquela obra-prima do Teatro Medieval que, sozinha, teria dado notoriedade ao autor: *A Farsa de Mestre Pathelin*, cujo enredo, divertidíssimo, merece aqui ser evocado, ainda que em linhas gerais. Quem é Pathelin? É o advogado sem causas que, desejando pôr fim às queixas da mulher Guillemette que diz não ter mais roupas com que se vestir, vai à loja do esperto comerciante Guillaume e compra, sem pagar, *six aulnes* (seis varas) do melhor "drap". O pagamento será feito mais tarde, na casa do advogado, onde o comerciante irá cear, tendo já aceito o convite que lhe foi feito. Lá chegando, Guillaume encontra o advogado agonizante — um cômico quadro armado pelo vigarista, com a colaboração da mulher, com que pretendem e conseguem provar a inocência do mau comprador. Desorientado, vencido pela evidência, parte Guillaume, sem a ceia e sem o seu dinheiro, além da perda do tecido. Em seguida, um pastor do comerciante vem consultar o advogado e pedir sua ajuda, pois logo deverá comparecer diante do juiz para responder à acusação que o patrão lhe faz de ter roubado e comido ovelhas de seu rebanho. Aconselhado pelo vivo advogado, apenas responde "Bée" a cada pergunta que lhe é feita, como se tivesse, com a contínua convivência, adotado o balido das ovelhas. Enquanto isso, o advogado oculta o rosto com as mãos para evitar ser reconhecido pelo comerciante. Tenta este, inutilmente, reaver o dinheiro do tecido e as ovelhas, diante do juiz; mas o magistrado, confuso, e aturdido pela incompreensível mistura dos assuntos, além de que pretende logo terminar a audiência, dá o veredicto favorável ao pastor. Este, que bem aprendera a lição, é liberado e não responde senão por balidos à solicitação de pagamento dos honorários do advogado.

É, como vemos, a farsa do vigarista que é enganado por outro mais espertalhão: se o comerciante engana e rouba no preço e nas medidas, é depois enganado pelo esperto Pathelin que, apesar de toda a sua vivacidade, é ludibriado pelo simplório-astuto pastor, graças às armas que ele próprio lhe fornecera: o inocente "Bée".

Foi esta farsa várias vezes atribuída a Villon, mas da lista de escritores que a apontaram como sendo do poeta, lista arrolada por Deroy, ressalta o testemunho de Philippe de Vigneulles, em 1503, quando Villon talvez já estivesse morto. Nas *Memórias*, referindo-se a Jehan Mangin, diz Vigneulles que foi "um segundo François Villon em bem rimar, em bem representar farsas" (p. 111). E se uns atribuem a farsa a Villon, outros, bem equipados culturalmente, pensam em Guillaume de Loris, em Pierre Blanchet ou em Antoine de la Sale, sem chegarem, no entanto, a nada de definitivo. Nomes como Gaston Paris, Helmut Hatzfeld, Holbrook, Louis Cons, Albert Pauphilet, Harvey, Lemercier, Lejeune estão associados aos sérios estudos que foram realizados em torno da farsa, mas que nada provaram quanto ao nome do autor.

Deroy, no livro que vimos rastreando, prende-se à presença de assinaturas de Villon, no corpo das peças, a fim de provar sua autoria; e, no caso da grande *Farsa de Pathelin*, a assinatura de Villon teria tomado a forma de *six aulnes* (seis varas), a medida do tecido comprado mas não pago pelo vigarista.

Quanto às *six aulnes*, é inegável o seu freqüente emprego ao longo da farsa. O número *seis* é usado vinte e seis vezes e a combinação *seis varas*, precisamente a metade: treze vezes, sendo duas por Pathelin, que lança a medida da compra, e onze vezes pelo comerciante (v. 260-3; v. 433-5; v. 522-3; v. 560-1; v. 586-7; v. 663-5; v. 708-9; v. 1041-2; v. 1048-50; v. 1265-6; v. 1292-3; v. 1321-2; v. 1458-9).

Das treze vezes em que é empregada a medida *seis varas*, é justamente no meio — no sétimo lugar — que o dramaturgo dá maior ênfase às dúvidas do comerciante: terá ou não vendido o tecido ao agonizante Pathelin? (v. 707-31). E a frase minúscula, de duas sílabas, *non a (não tem seis varas)* é repetida quatro vezes, enquanto a outra frase *si a (sim tem seis varas)* é repetida duas vezes, sendo ambas, em si, expressões ambíguas, pois, como salienta Deroy, *avoir non (ter não)* é perfeitamente homônima com *avoir nom (ter nome)*, além de que o vocábulo *nom* era com freqüência escrito *non*. Assim, *avoir non* ou *avoir nom* podem ter o sentido de *nomear-se, chamar-se* (o pesquisador dá exemplo desse emprego, em nota de rodapé, p. 131). E *nom a six aulnes* ou *non a six aulnes*, fora do contexto, podem ser entendidas como: *ele se chama seis varas*, o que estaria de pleno acordo com a primeira menção de *six aulnes* na peça: *Non sont* (v. 263) — *(elas são um nome)*.

Si a daria então a chave: *il y a six (há seis)*, sobretudo se recordarmos, diz Deroy, que, nos livros de contas, a quantidade das medidas compradas ou vendidas, bem como a soma de dinheiro pago ou a pagar, eram escritas com algarismos romanos. Portanto, *VI aulnes*, sendo estranhável que nenhum editor assim tenha transcrito a medida...

A passagem do *au* para *o* encontra vestígios no século XIII e já era definitiva em 1500, conforme a opinião de Kr Nyrop, na sua *Grammaire Historique de la Langue Française*, citada por Deroy. E, embora pudesse surgir a objeção, do ponto de vista da fonética histórica, quanto à presença do *L* que deveria ser suprimido, pois o *L* no grupo *aul* não era pronunciado, não há dúvida — insiste Deroy — que "os anagramas complicados são jogos de espírito, artifícios que agradam muito mais quanto mais variam continuamente" (p. 132).

Foi assim que a assinatura do espirituoso Villon, astutamente adaptada à intriga, fez rir: o público que ignorava o processo de transformação do nome; e o autor que desfrutaria de sua própria engenhosidade.

E para não nos alongarmos demais na exposição da tese de Deroy — mesmo porque não comportaria nos limites deste artigo —, contentemo-nos com recordar que Villon, possível membro da "Coquille", não desconhece sua *gíria* (*argot*), e empresta ao seu protagonista Pathelin, em delírio dissimulado, todo um desfilar de palavras em várias "línguas" (pouco se serve do jargão dos "Coquillards", com exceção de "blanc" por "niais", isto é, "simplório" e alguns outros termos); tal emprego provaria que o autor é um poliglota que, na medida em que é "Coquillard", muito viajou e conviveu com o povo, nem que fosse com o fito de ganhar dinheiro no jogo.

Inventiva, mas atraente e bem documentada é a tese de Deroy, que já focalizara Villon, em trabalho anterior: uma aula inaugural da Universidade de Utrecht e que tem relações com a obra que resumidamente aqui expusemos[2]. E eis o *François Villon dramaturgo*, se aceitarmos as teorias do ilustre professor e pesquisador.

---

2. DEROY, Jean. *François Villon. Recherches sur le Testament*. La Haye, Mouton, 1967.

2. UM ENTREMEZ CERVANTINO*

Que uma grande obra, por seus dotes excepcionais, possa ofuscar outras importantes obras, por mais curtas e despretensiosas que sejam, tal é o defeito que deve ser imputado a *As aventuras do engenhoso fidalgo D. Quixote de La Mancha*. O imortal D. Quixote, com suas aventuras e desventuras, fez com que, durante muito tempo, ficassem nas prateleiras, empoeiradas pelo olvido, pequenas obras-primas cervantinas: os entremezes.

Talvez nem o próprio Cervantes, na modéstia ou involuntária cegueira do gênio, tenha chegado a reconhecer-lhes as qualidades, e, em 1614, quando já tinha 67 anos, na *Adjunta al Parnaso*, confessa ter nas gavetas seis comédias e seis entremezes, que pensava "darlas a la estampa para que se vea de espacio lo que pasa aprisa". E, no Prólogo das *Ocho comedias y ocho entremeses*[1], ao falar do teatro e de suas próprias inovações, e

---

* ("Suplemento Cultural" de *O Estado de São Paulo*, 30/07/1978, p. 6).

1. O manuscrito *Ocho comedias y ocho entremeses* (peças nunca encenadas na época), comprado pelo livreiro Juan de Villarroel, foi impresso em 1615.

ao traçar um rápido histórico, desde Lope de Rueda até o aparecimento do "monstruo de naturaleza, el gran Lope de Vega que alzóse con la monarquía cómica", se refere a essas obras e às dificuldades quanto à sua publicação, pois diz ele "no hallé autor (empresário) que me las pidiese, puesto que sabían que las tenía; y así las arrinconé en un cofre y las consagré y condené a perpetuo silencio". Ainda, na Dedicatória ao Conde de Lemos, que precede *Ocho comedias y ocho entremeses*, ao fazer menção ao fato que "no van manoseados ni han salido al teatro", acrescenta que "los farsantes, de puro discretos, *no se ocupan sino en obras grandes y de graves autores*, puesto que talvez se engañen" (O grifo é nosso).

Não grandes em dimensão, com efeito, são os entremezes. Apenas breves peças, sem nenhuma gravidade, pois aceitam, alegremente, o caos do mundo; pintam os vícios e as imperfeições da sociedade e das instituições humanas; mas o ambiente cômico tira-lhes a seriedade. E, se Lope de Vega foi o criador do Teatro Nacional Espanhol, Cervantes criou, com essas peças, pequenas obras-primas, salvando um gênero que estava prestes a extinguir-se ou a transformar-se em burla chocarreira e de não muito bom gosto. Elevando, porém, à categoria literária os "pasos" de Lope de Rueda — curtíssimas obras populares, de diálogo vivo e divertido —, pode ser considerado o verdadeiro criador do entremez, o primeiro entremezista.

Entre tantos estudiosos que se aproximaram dos entremezes cervantinos, o renomado hispanista Ludwig Pfandl não poupa encômios à sua originalidade, como: habilidade na pintura do ambiente, que está sempre exatamente descrito; perfeita captação dos traços que caracterizam as personagens, delineando-lhes a individualidade; arte humorística associada à decência e ao bom gosto, o que o distingue dos entremezistas seus sucessores; perfeição quanto à técnica da construção[2]. Tais são os pontos que diferenciam o Cervantes entremezista daqueles que o precederam e o seguiram. E, no entanto, como dissemos, permaneceram essas obras desconhecidas, em silêncio, durante muito tempo; mas não condenadas ao "perpétuo silêncio", como lhes vaticinara o autor, talvez com uma ponta de amargura.

Amostras insuperáveis de realismo e engenho, esses breves quadros populares, quase sempre escritos em prosa, se caracterizam pela graça, desenvoltura, vivacidade e maliciosa ironia. Pequenas obras-primas em que irrompe uma fina crítica, ora de con-

---

2. PFANDL, Ludwig. *Historia de la Literatura Nacional Española en la Edad de Oro*. Bilbao, Gustavo Gili, 1952, pp. 489-93.

flitos matrimoniais, ora de interesses, ora de credulidade popular, ora de preconceitos, pois, via de regra, não explora Cervantes recursos cômicos físicos: quedas, golpes, bebidas excessivas. Sua comicidade procede da natureza humana e, em alguns entremezes, focaliza antes a imbecilidade do homem que o engano, este tradicional procedimento cênico para provocar o riso.

De variada temática, levam-nos a rir: das atribulações e cuidados dos velhos decrépitos que se casaram com belas jovens (*El viejo celoso*); dos conflitos matrimoniais, através de um cômico desfile de casais não bem entrosados e para quem o divórcio não trará solução (*El juez de los divorcios*); dos aldeões preocupados com a eleição dos prefeitos, em que faz desfilar seus "inteligentes" e "desinteressados" candidatos (*La elección de los alcaldes de Daganzo*); das traições femininas e da credulidade masculina (*La cueva de Salamanca*); das rivalidades amorosas de um soldado e um sacristão, ainda que as extrapole, pois se trata da velha questão da superioridade das armas ou das letras, e onde são encontrados traços autobiográficos (*La guarda cuidadosa*)... É, no entanto, a imbecilidade humana que ressalta, comicamente, sobretudo no seu melhor entremez — *El Retablo de las maravillas* —, no qual nos deteremos, neste breve estudo[3].

Sátira bastante aguda, com uma especial veia cômica, das hipocrisias e convenções sociais, provém tal entremez de *Till Eulenspiegel* ou do *Conde Lucanor*, recém-impressa em Sevilha esta última obra, em 1575. Nela, cujo autor é o Infante D. Juan Manuel, do século XIV, há um capítulo em que narra como vigaristas, dizendo-se especiais tecelões, fabricam um tecido mágico, visível apenas para aqueles que são filhos legítimos. Ora, essa historiazinha folclórica se transforma nas hábeis mãos de Cervantes, enriquecida por sua fértil imaginação e seu agudo espírito de observação da sociedade espanhola da época. Aí introduz, entre outras, uma preocupação contemporânea, que é o problema do cristão-novo, fazendo uma crítica ao preconceito anti-semita. O tecido invisível passa a ser uma espécie de guinhol, um teatrinho, vazio, mas que será atravessado por certas figuras, visíveis somente para os seres privilegiados, isto é, filhos legítimos e cristãos-velhos. O filho bastardo ou o judeu converso, entes marcados por sua deficiência, nada verão nesse "Teatrinho das maravilhas", o que conduz todos os habitantes da aldeia visitada pelos proprietários do mesmo a afirmarem, mentirosamente, que vêem tudo o que lhes "é mostrado", apenas de forma verbal.

---

3. "El Retablo de las maravillas". In: *Entremeses*, Madrid, Espasa-Calpe, Col. Clásicos Castellanos, 1952, pp. 157-83.

É a burla criada pela *palavra*, pondo em relevo a pusilanimidade e a hipocrisia social generalizada, pois ninguém se atreve a negar a existência real do que lhe "é exibido". Se o fizer, é o público reconhecimento da bastardia ou da contaminação judaica, os dois sentimentos típicos dos espanhóis do tempo dos Áustrias.

Deslocando a ação do mundo feudal ao mundo da aldeia, já define Cervantes as suas personagens, pois sabido é que os conselheiros do Imperador Carlos V, não suspeitos de judaísmo, eram justamente os de "linaje de labradores", "los de nacimiento de labradores", isto é, aqueles cujos pais eram incultos e analfabetos[4]. Coloca-nos, pois, o autor diante de aldeões enganados por dois espertalhões, Chirinos e Chanfalla, que são auxiliados pelo músico Rabelín, uma diminuta e grotesca figura.

Num diálogo inicial — a exposição — sabemos do embuste que está sendo tramado e, a seguir, já aparecem diante das autoridades locais e de seus familiares, a fim de que, com um espetáculo de "maravilhas", sejam condignamente comemoradas as bodas de Juana Castrada, filha de Juan Castrado, o regedor. É este, evidentemente, o episódio central — a ação — em que se dá o imaginário aparecimento de uma série de figuras. Entre os convidados, presentes estão o Governador, o alcaide Benito Repollo, o escrivão Pedro Capacho, além de jovens, entusiasmados com as "maravilhas" que serão exibidas nesse teatrinho fabricado pelo sábio Tontonelo. E interessante é notar o sabor humorístico dos nomes, altamente sugestivos: um deles é o do sábio Tontonelo do qual se derivam os pitorescos neologismos cervantinos: "tontonelear", "atontoneleados" (p. 180).

Diante dos perplexos olhos das personagens-espectadores vão desfilando: Sansão, que abala com sua força a estabilidade do recinto, com o conseqüente pânico dos assistentes; um touro, que assusta a todos com suas investidas; ratos, que provocam nervosas, mas risíveis reações, sobretudo das jovens; a queda da chuva proveniente da água do Rio Jordão, e que deixa todos extasiados diante do milagre que ela pode produzir; leões, que amedrontam com sua simples presença; ursos, que causam não menor temor; e, finalmente, Herodias (não seria Salomé?), que surge e fascina com sua dança, a ponto de levar o sobrinho de Benito Repollo a, sem mais poder conter-se, subir ao palco para acompanhá-la...

Desde o primeiro aparecimento, está instalada a mentira, havendo uma dupla fonte de comicidade: ninguém ousa dizer

---

4. CASTRO, Américo. *De la edad conflictiva*. Madrid, Taurus, 1963, p. 197.

que não vê o que lhe "é exibido"; e todos agem como se o vissem, pois optando pelo imaginário, isto é, pela realidade criada pela *palavra*, preservam sua imagem de "bons cidadãos", ficando nitidamente estabelecida a dicotomia real-imaginário. Estão todos empenhados em ver uma "realidade" numa realidade vazia. O primeiro aparte, bem como as primeiras alvoroçadas reações, servem de modelo: Chanfalla que, com suas palavras, cria o espetáculo, aconselha Sansão, o vigoroso hebreu, a não ferir e a não pisar "tanta y tan noble gente". Logo, Repollo teme ser amassado; e, se Capacho pergunta a Castrado — "¿Veislo vos, Castrado?" —, este responde convictamente: "Pues ¿no lo había de ver? ¿Tengo yo los ojos en el colodrillo?" Segue-se então o cômico aparte do Governador, após o "aparecimento" do touro: "Basta, que todos ven lo que yo no veo; pero al fin habré de decir que lo veo, por *la negra honrilla*" (O grifo é nosso, p. 172-3). E, a cada nova personagem que "entra em cena", são as mímicas retardadas ou precipitadas; são os gritos, alvoroços e estardalhaços que, num ritmo vertiginoso, à medida que mais e mais aumentam, põem em relevo o vazio do palco, povoado apenas imaginariamente, graças ao poder do verbo. Aumento de um lado e diminuição do outro, transformando-se as personagens-espectadores em meros bonecos. Movem-se sob o efeito da palavra criadora, num crescendo que atinge o ápice, com o aparecimento da flexível dançarina que convida e obtém um parceiro. E o bailarino dança só, ou melhor, dança — comicamente — com o Nada. É o clímax da breve ação: uma ação imaginária, engendrada pelo verbo.

É a palavra que cria "a realidade", provocando reações das personagens-espectadores, fazendo com que um *sui generis* "teatro dentro do teatro" se nos apresente: um teatro ou palco (vazio-cheio) diante de um teatro (sala de espetáculo, com o seu público). Um surpreendente e imaginário espetáculo a todos envolve numa animada dança geral. É um autêntico delírio coletivo. Se uns espectadores, de início, fingem ver e passam depois a "ver" o que lhes "representam", tal o poder de sugestão do apresentador — é o caso do jovem dançarino —, já outros nada vêem, mas recusam-se a confessar sua incapacidade, por medo das conseqüências — é o caso do Governador, que não deseja ser taxado de bastardo ou de judeu.

É então que, quebrando "a realidade" — é o anticlímax — irrompe o *furrier* (espécie de administrador a quem cabia tratar do alojamento dos soldados), com o anúncio da chegada de um grupo de soldados. A reação não tarda a fazer sentir-se; desejaria "o público" que esta realidade fosse igual à anterior, do palco, criada por Chanfalla. Como no "Retablo de Maese Pedro" (*Qui-*

xote, Parte II, Cap. 25), aqui se confundem os planos da realidade presente e da imaginada. Entabula-se o debate: esses soldados são ou não do mesmo tipo das outras personagens vistas até o momento? Se o Alcaide insiste em que são artes do sábio Tontonelo, Chanfalla pede para que todos sejam testemunhas de que o primeiro diz "que lo que manda su Majestad" — alojar a tropa — "lo manda el sabio Tontonelo" (p. 180), e esta representa uma sutil observação. E, como o "furrier" não vê a dançarina, cai sobre ele a acusação geral, partindo de Capacho, e seguido pelo Governador: *"De ex illis es"*, isto é, "és um deles, és um deles", palavras que a criada de Caifás dirigiu a S. Pedro, quando este negava Cristo, e que aqui significa "és um judeu". Que este ameace bater-se com todos, ninguém o teme, pois se ele não vê "as maravilhas", suas ameaças serão vãs: "Nunca los confesos ni bastardos fueron valientes", lembra Benito Repollo. Mas, ironia das ironias, o "furrier" — que é tido por cristão-novo — distribui golpes a torto e a direito, atingindo os orgulhosos cristãos-velhos que "viam" as referidas "maravilhas"...

Está assim magistralmente ridicularizada a maior preocupação que afetava o espanhol da época: "la limpieza de sangre", ou para valer-nos da opinião de um especialista do assunto como Américo Castro: "El español no encontraba dentro de si nada firme e indiscutible sobre que apoyarse, fuera de las estimaciones cristianoviejas"[5]. Ora, não podia deixar Cervantes de aludir ao problema, o que faz inclusive no *Quixote* (por exemplo, na Primeira Parte, Cap. 47, ou na Segunda Parte, Cap. 8), mas sobretudo neste entremez, inteiramente apoiado em tal característica. Impossível esquecer que, ao retornar à pátria, após ter-se portado heroicamente, quer como soldado, quer como cativo em Argel, vê Cervantes desmoronarem-se suas aspirações, não conseguindo senão o modesto emprego de "arcabalero" (arrecadador de tributos), que está em "irónica armonía con la antigua costumbre de usar hispanohebreos para tales menesteres"[6].

Mas se prestaria o entremez a uma única interpretação? Conteria apenas uma sátira das pretensões dos espanhóis? Ou pretenderia demonstrar Cervantes que a tão decantada "limpieza de sangre" — orgulho dos espanhóis, e que estaria encarnada nos aldeões, os lavradores presos à terra — não passa de uma inconsistente ficção? Ficção à qual "el pudor social atribuye la

---

5. CASTRO, Américo. *Cervantes y los casticismos españoles.* Madrid, Alianza/Alfaguara, 1974, p. 36.
6. CASTRO, Américo. *Op. cit.*, p. 34.

solidez de lo verdadero?[7] Poderia ser a sátira do pudor social, da vaidade, das convenções sociais das classes mais privilegiadas, classes que são vítimas de engano dos pícaros Chirinos e Chanfalla, sobretudo deste último, o bajulador por excelência, que sabe tirar partido das debilidades humanas, merecendo da companheira a seguinte observação, logo no início da peça "Date un filo a la lengua en la piedra de la adulación; pero no despuntes de aguda"? Ou seria a parábola da credulidade humana e do alto poder da sugestão? Na verdade, o entremez se presta a todas essas interpretações, podendo ser englobadas sob a categoria de sátira da imbecilidade humana, independentemente da época e do espaço.

---

7. ASENSIO, Eugenio. *Itinerario del entremés*. Madrid, Gredos, 1965, p. 109.

3. UMA COMÉDIA DE RACINE

Estudar Racine é estudar o seu teatro, mais profundamente trágico que o de Corneille, fazendo desfilar suas magistrais criações: *Andromaque, Britannicus, Phèdre, Athalie*, e tantas mais, de tal maneira está associado seu nome ao domínio da tragédia. Que o admiremos ou não, não importa; mas inevitável é a associação, por mais que possam taxar sua obra de inferior à de Shakespeare, em comparação, aliás, que nada apresenta de novo, uma vez que data do Romantismo: Hugo — no Prefácio de *Cromwell* — e Stendhal — em *Racine et Shakespeare* — já apregoavam a excelência do dramaturgo inglês, em detrimento do clássico francês, quando melhor teria sido aceitar Racine sem submetê-lo a inúteis comparações, pois afinal são dois mundos diferentes, cada um com as características que lhe são próprias.

Mas o trágico Racine compôs também uma comédia — *Os Litigantes* (*Les Plaideurs*, de 1668)[1] — e tudo indica que foi a

---

1. RACINE, Jean. *Oeuvres Complètes*. Tome I, Bibliothèque de la Pléiade. Paris, Gallimard, 1950, pp. 303-69.

intenção de rivalizar com Corneille que cultivara ambos os gêneros, além de que — parece — podia ao mesmo tempo vingar-se de um processo do qual saíra perdendo. Conhecedor do teatro grego em geral, e não apenas da tragédia, vai inspirar-se em *As vespas* do admirado cultor da Comédia Antiga e, baseando-se sobretudo na observação dos costumes contemporâneos, compõe uma divertida sátira dos juízes e dos litigantes; a idéia inicial nasceu durante as alegres reuniões do "Mouton Blanc" e uma vez terminado o trabalho, não conseguiu imediatamente os aplausos públicos, devendo esperar pela aprovação do rei. Só esta determinaria a mudança dos cortesãos, que passaram então a aplaudir Racine como autor cômico.

Antes de focalizarmos a peça, parece-nos oportuno conhecer quais as razões que Racine apresenta a respeito e que estão contidas em *Ao leitor*, texto que a precede[2]. Aí, confessa que, ao ler a peça grega, inicialmente não lhe viera a idéia de compor uma semelhante, se bem que ela o tivesse divertido muito; depois, imaginara vê-la representada pelos atores da Commedia dell'Arte, com o ímpar Scaramuccia, o que não era mais possível, em virtude de ter já partido o grande cômico italiano. Foi então que alguns amigos desejaram assistir a uma amostra de Aristófanes, desejo a que Racine se opôs, pois preferiria imitar "autores regulares", como Menandro e Terêncio, a "autores livres", como Plauto e Aristófanes. Diante da insistência dos amigos que queriam verificar se Aristófanes teria graça em francês, e com a ajuda da metade deles, começou e logo terminou a peça em questão. Montada, causou uma inesperada reação, pois — diz Racine — os espectadores resolveram examiná-la como se se tratasse de uma tragédia; e mesmo aqueles que tinham se divertido com o espetáculo, preocupados com as regras a que então deveriam submeter-se as obras, julgaram que ele poderia ter "pensado mais *seriamente* para fazê-los rir" (o grifo é nosso), enquanto outros, ainda, ponderavam que os assuntos do Palácio da Justiça não poderiam constituir assunto de divertimento para as pessoas da corte. Esta situação porém mudou, como já dissemos, quando a peça foi representada diante do rei, em Versailles. Enfim, "se a finalidade da minha comédia era fazer rir, jamais uma comédia atingiu melhor a sua finalidade", remata ele, após alguns elogios ao seu modelo grego por ter impelido a sátira para além do verossímil, uma vez que "o público não deixava de discernir a verdade através do ridículo". Ora, acrescentamos nós, como Racine sofreu um processo — é o que confessa, neste mesmo texto —,

---

2. RACINE, Jean. "Au lecteur". *Op. cit.*, pp. 309-11.

nada impede que pensemos ter ele aproveitado para satirizar os juízes de seu tempo, para além do verossímil, com a mesma idéia, isto é, o público francês, tal como o grego, saberia "discernir a realidade através do ridículo".

Em princípio, seguiu Racine o modelo grego, conservando muitas graças e episódios de *As vespas*. Seu protagonista, Pierre Dandin, muito se assemelha ao Filocleão de Aristófanes; são ambos tão loucos pelo exercício de sua profissão de juízes, que chegam a mandar cortar a cabeça de um galo porque, tendo cantado tarde, os despertou tarde, atrasando assim o começo das atividades forenses. Ambos têm um filho e este, seja o grego, seja o francês, se desvela para proteger o pai contra sua mania e assim afastá-lo dos tribunais; dois criados (escravos na peça grega) estão sempre de atalaia para evitar que o juiz escape de casa, o que tenta várias vezes; ambos os filhos instalam em casa um tribunal que julgará as questões domésticas, compensando assim o pai da "perda" que lhe é imposta. E a primeira "causa" que lhes surge é a do cachorro ladrão, em cujo julgamento colaboram os dois servidores. Tais são, portanto, os elementos inspirados por Aristófanes a Racine: a loucura do juiz (o episódio do galo) e o processo do cachorro. Mas Racine está, na verdade, longe de Aristófanes: não existe na comédia francesa a sátira política, aguda, que impregna a peça grega; por outro lado, acrescenta uma intriga amorosa, inexistente na peça antiga — o filho de Dandin, apaixonado pela filha de Chicanneau, no final obtém a sua mão, graças à astúcia —, e que é bem característica dos gostos da época, fazendo, como diz um estudioso, que "de Aristófanes não mais reste senão a casca, a forma de uma veia cômica esvaziada de seu conteúdo"[3].

Com efeito, a peça difere, essencialmente, de seu pretenso modelo, pois se limita a pintar a mania de um juiz e as medidas para protegê-lo, sem conservar a significação política da primeira. A comédia de Aristófanes, com sua ação que se arrasta e sua falta de unidade, não é nenhuma obra-prima, mas apresenta grande valor se encarada sob um ponto de vista histórico e jurídico, completando a visão da história interna de Atenas e fornecendo dados esclarecedores sobre a justiça e os tribunais da época — era imenso o número de tribunais e de funcionários, mas nem assim suficiente para solucionar todos os casos, dificuldade à qual se refere Xenofontes[4]; à defeituosa organização dos

---

3. VOLTZ, Pierre. *La Comédie*. Paris, Armand Colin, 1964, p. 93.
4. XENOFONTES. *República Ateniense*, III. Citado na "Noticia preliminar" de *Las Junteras — Las Nubes — Las Avispas* de Aristófanes. Madrid, Espasa-Calpe, 1972, p. 117.

tribunais, juntava-se a mania de julgar, litigar e perorar em público, além de que a venalidade e o suborno eram dominantes[5]. Os próprios nomes das personagens de Aristófanes já indicam a intenção política da obra: "Filocleão" significa "o amigo de Cleão", o demagogo que dominava Atenas e que era muito benquisto entre os que constituíam os tribunais, pois era ele que lhes fazia pagar o desejado trióbolo; "Bdelicleão", o filho de Filocleão, significa "o que detesta Cleão", de maneira que a oposição entre ambas as personagens bem representa a luta que, em Atenas, se desenvolvia entre o célebre demagogo Cleão, apoiado pelo povo graças ao trióbolo, e o partido aristocrático.

Ora, a peça de Racine não tem, parece, a mesma intenção. Suas personagens, equivalentes às gregas, se chamam Dandin — significa "homem simplório, de maneiras desajeitadas" — e Leandro, nome bastante convencional, que não leva a nenhuma conotação satírica. É como se o autor apenas quisesse fazer rir um pouco daqueles que julgam — Dandin e os colegas — e dos que litigam; juízes e litigantes formam um mundo homogêneo e absurdo, que parece estar contido num dos alexandrinos da peça:

"L'un veut plaider toujours, l'autre toujours juger".
(Um quer sempre litigar, o outro sempre julgar).

E para provocar o riso, não poupa cenas, gestos, palavras, que não harmonizam com o Racine da tragédia: é Dandin que sai do respiradouro, o cachorro que urina, as bastonadas que caem sobre o secretário do juiz, numa pura farsa que não poderia agradar — claro está — aos admiradores do elegante Racine, e que chega até o ponto de zombar da própria tragédia, ou pelo menos da tragédia do seu rival Corneille, quando parodia um verso conhecido de *O Cid*, com um jogo de palavras com "proeza" (*exploit*) acomodado às atividades judiciárias:

"Ses rides sur son front gravaient tous ses exploits"
("Suas rugas na sua testa gravavam todas suas proezas").

O primeiro ato finaliza com as gritarias da disputa entre os dois litigantes maníacos, Chicanneau (nome comicamente sugestivo) e a Condessa (a Condessa de Crissé, que serviu de modelo a Racine, foi proibida pelo Parlamento de iniciar processos sem a autorização de dois advogados designados para tal fim), colocando-se bem dentro da farsa. E farsa é toda a peça. É Leandro que, disfarçado, conversa dissimuladamente com a amada, filha de Chicanneau, nas barbas daquele que a vigia — cena encontrável

---

5. "Notícia preliminar". *Op. cit.*, pp.117-8.

desde a comédia italiana até *O Barbeiro de Sevilha*, de Beaumarchais, passando por Molière; e é a farsesca cena do julgamento do cachorro, já quase no final, à cena 3 do Ato III, em que o porteiro Petit Jehan faz as vezes de promotor enquanto l'Intimé, o secretário, toma o papel de advogado de defesa, havendo portanto duas representações — a real e, dentro desta, a judiciária, ou o teatro dentro do teatro, visando a despertar o riso, com os absurdos ataques e defesas dos dois empregados. O segundo recorre, burlescamente, ao *Pro Quinctio* de Cícero; cita um famoso verso de Lucano, em latim (*Farsália*, Canto I, v. 128); refere-se a Rebuffe (jurisconsulto francês do século XVI), e a Harmenopul (jurisconsulto bizantino da mesma época); cita verso das *Metamorfoses* de Ovídio; e toda essa "erudição" para julgar "o crime" do cachorro ladrão é francamente cômica. Enfim, *Os Litigantes* são uma farsa, com "um diálogo brilhante, repleto de saídas originais"[6], e se Racine com ela não se equipara a Aristófanes, pelo menos revela que poderia ter também cultivado a comédia. A tragédia, porém, foi o seu domínio.

---

6. VOLTZ, Pierre. *Op. cit.*, p. 93.

4. MOLIÈRE E A JUVENTUDE

Se os clássicos franceses do século XVII atualmente já não mais são admirados e lidos pela juventude, como o foram em épocas passadas, tal não ocorre com Molière[1]. Enquanto Racine e até mesmo Corneille, apesar de todas as atualizações a que vêm sendo submetidos, são postos de lado, já Molière continua vivo, através de contínuas encenações, não apenas na França. Será por sua inesgotável veia cômica? Será por seu agudo espírito satírico sempre alerta às mazelas do homem? Será por sua obra-documentário de uma época? Ou, ao lado de tudo isso, pela simpatia que, em seu teatro, Molière parece consagrar aos jovens, uma vez que sempre saem vitoriosos na luta contra os obstáculos que se antepõem à realização de suas aspirações e que estão concretizados nas figuras dos "velhos" pais ou tutores? Entre os jovens, ansiosos de satisfazerem aos seus sonhos, e os mais idosos,

1. MOLIÈRE. *Oeuvres Complètes*. Paris, Garnier Frères, 1962, 2 tomes.

obstinados nos seus desejos, proibições e fórmulas rígidas, parece que Molière, detectando o conflito das gerações, sempre atual, pende invariavelmente para o lado dos primeiros, como que lhes tomando a defesa, e apoiando-os nas reivindicações. Passemos em revista algumas peças molierescas e veremos que os vícios, via de regra, não se encontram entre os jovens, mas sim nos velhos e que estes, dominados por verdadeiras manias e não pensando senão em si mesmos e em como satisfazê-las, não titubeiam em sacrificar a felicidade dos filhos e filhas ou pupilas.

Com exceção de *O Misantropo* (1666) que, como sabemos, se passa no salão de Celimena, viúva frívola e coqueta, todas as "Grandes Comédias" molierescas seguem o esquema habitual da comédia de intriga: há um problema — a oposição dos pais ao casamento da filha —, mas este encontra solução favorável, no final, pois não esquece Molière que está no domínio da comédia, onde tudo termina ou deve terminar bem, nem que seja artificialmente, mediante uma espécie de "Deus ex machina", como o é a intervenção do rei, em *O Tartufo* (1669). De maneira geral, o opositor aos desejos da jovem é, como dissemos, um maníaco; toda a ação da peça, se revela de um lado os ridículos da figura paterna ou materna, obcecada como está por idéias fixas, já de outro lado põe em evidência o sacrifício do elemento jovem, vítima do egoísmo dos pais.

Na peça *Tartufo*, o pai é dominado por uma religião que beira o fanatismo, a ponto de torná-lo completamente cego às manobras do hipócrita Tartufo, um falso devoto, e de querer obrigar Mariana, a filha, — que ama outro —, a casar-se com o hipócrita; de nada valem à jovem o apoio da empregada Dorina (o bom senso), ou o da madrasta Elmira, pois Orgon, o crédulo por excelência, está completamente obcecado pela "religião" de Tartufo, feita de exterioridades e sem ressonância espiritual.

Já em *O Burguês Fidalgo* (1670), o Sr. Jourdain se opõe ao casamento, por amor, da filha Lucila com Cleanto, alegando que este não é fidalgo e o maior sonho do burguês que se enriqueceu — sonho que se tornou mania, fazendo-o esquecer a justa medida — é a ascensão social, mediante um genro que pertença à classe nobre; quer que a filha seja marquesa ou duquesa, sem importar-se com a sua felicidade, pois o que nele predomina é a mania de nobreza. Que a esposa, a Sra. Jourdain, pretenda intervir em nome do bom senso, defendendo a felicidade da jovem, tudo o que disser, e diz, será inútil, tal a sua vaidosa cegueira.

Quanto a *As Sabichonas* (1672), muda-se o esquema e, em vez do pai, é a mãe, Filaminta, a intelectual, que se mantém surda aos apelos do coração da filha Henriqueta, pois ela aspira a ter um genro intelectual, Trissotin (que significa "três vezes tolo"). A oposição do marido, Crisale, ou a ajuda da empregada Martina que o encoraja a enfrentar a autoritária mulher, não são suficientemente fortes para anular ou vencer Filaminta, tal a solidez de suas aspirações.

Em *O Doente Imaginário* (1673), a última peça de Molière, o autor volta ao esquema habitual: o pai, Argan, é um hipocondríaco e, para alimentar sua obsessão, nada como um genro médico, mesmo que fique Angélica frustrada na realização de seus sonhos. O que lhe interessa é comprazer-se na sua mania, a doença; tudo o mais lhe é sem valor, até a felicidade da filha...

Outra peça em que o esquema em questão se repete é *O Avarento* (1668), que deixamos em último lugar, sem obedecer à cronologia da sua elaboração, apenas porque apresenta o maníaco opondo-se aos amores, muito lícitos, de seus dois filhos (e não um): Elisa, apaixonada por Valério (pobre), mas obrigada pelo pai a casar-se com Anselmo, um milionário rico, condição que o torna desejável aos olhos do avarento; Cleanto, apaixonado por Mariana (pobre), mas coagido pelo pai a casar-se com uma viúva, cujo maior atrativo é a riqueza. Colocando Harpagão como pai de dois filhos, quis Molière como que duplicar o egoísmo paterno, mostrando o protagonista como o "monstro" que não se contenta com um único sacrifício, e que chega a exigir a infelicidade dos dois: não só a do rebelde Cleanto, mas ainda a da até então dócil Elisa; e, como se isso não bastasse, pretende a mão da jovem amada pelo filho — Mariana —, pois se esta é pobre e não traz dote, tal situação promete que ela terá poucas pretensões e os gastos não serão elevados, o que a torna "a esposa ideal" de um avarento.

Não podemos evitar de mencionar, pelo menos, as peças que apresentam um tutor velho opondo-se à felicidade da pupila, pois deseja casar-se com a jovem e afastar o rapaz que, pela idade e por outras afinidades, a faria feliz. É o caso de *A Escola dos Maridos* (1661), peça em três atos e que põe em cena dois tutores, sendo que o mais cordato consegue fazer-se querido pela sua pupila; e também o de *A Escola das Mulheres* (1663), em que o velho Arnolfo educa egoisticamente Agnes, com o fito de anular-lhe a personalidade e assim conseguir uma esposa submissa.

Em todas essas peças estão presentes dois tipos de elementos: os que nutrem a mania do protagonista, propiciando-lhe, nem que seja dissimuladamente, condições para desenvolver sua obsessão — Tartufo, o falso devoto, se apresenta a Orgon, como o genro ideal, da mesma forma que Trissotin o é para Filaminta; Dorante, por ser fidalgo, corresponde aos sonhos do Sr. Jourdain; e Belina, a segunda mulher de Argan, alenta-lhe a hipocondria —;

e os que se mostram antagônicos à mania, amparando os jovens contra a tirania dos pais, cegos por suas debilidades até o ponto de se tornarem carrascos dos próprios filhos — Elmira, a madrasta de Mariana, e a criada Dorina; a boa e simples Sra. Jourdain, além de Covielle, o valete de Cleanto; o simples Crisale e Martina, a criada rústica mas boa, além dos irmãos ou cunhados dos maníacos que tentam demovê-los de seus comportamentos despóticos e que, com manhas e artimanhas muitas vezes inverossímeis, porém perfeitamente de acordo com o reino da comédia, conseguem vencê-los ou enganá-los, salvando assim a felicidade dos jovens (no caso de *Tartufo*, o rei é o elemento salvador, não apenas dos jovens, desmascarando o impostor).

Todas estas peças seriam trágicas se não fossem tratadas comicamente. Sempre nelas vemos o conflito das gerações, o mau entrosamento entre pais e filhos, além do criticável relacionamento entre os cônjuges, com a conseqüente quebra da autoridade dos pais; e isso explica a opinião dos românticos, que viam, no teatro molieresco, não a comédia, mas sim a tragédia.

Porém, tratando de questões tão sérias como o amor e o casamento, o relacionamento familiar, a educação das moças ou a verdadeira e a falsa devoção, Molière nos faz rir graças ao seu gênio cômico que não abdica, por mais que o critiquem os doutos, do emprego dos procedimentos farsescos. Independente, pouco subjugado pelas regras estéticas vigentes na época, nas suas comédias de costumes e de caracteres, provoca Molière o riso, ao mesmo tempo que defende os direitos dos filhos, os direitos da juventude, mostrando quão válido é o apelo de felicidade. E isto explicaria a adesão da juventude ao teatro molieresco. Afinal, o homem pintado por Molière é eterno; se "os maníacos" continuam a existir com suas obsessões — a caricatura nada mais é que o exagero dos traços dominantes —, também a juventude é sempre a mesma, com seus sonhos e anseios, muito lícitos, de auto-realização.

5. BEAUMARCHAIS, DISCÍPULO DE MOLIÈRE

Morto o sempre ou o quase sempre admirado Molière, nem assim desapareceu dos palcos franceses, pois sua sombra se impõe como se ainda estivesse vivo, ao longo do século seguinte. Os dramaturgos nele vêem o modelo a ser seguido, esforçando-se por seguir-lhe as pegadas e por "conservar o que consideram uma sabedoria definitiva da arte dramática: as leis da ilusão, da autonomia das personagens, do apagar-se o artista atrás das criações"[1]; mas tal comportamento não os exime de outro esforço, o de procurarem ser originais, e o mesmo anseio de originalidade impele um Lesage, um Marivaux ou um Beaumarchais.

É já lugar comum afirmar que Beaumarchais é um dramaturgo-amador, isso porque ele mesmo confessou aos atores da "Comédie Française", a 1º de outubro de 1781: "Sou ator dramático por diversão"[2]. Homem de negócios, antes de tudo,

1. VOLTZ, Pierre. *La comédie*. Paris, Armand Colin, 1964, p. 95.
2. SCHERER, Jacques. *La dramaturgie de Beaumarchais*. Paris, Nizet. 1954, p. 244.

vai buscar na prática do teatro uma forma de repouso, tendo composto um número relativamente pequeno de obras: cinco "parades", três dramas, uma ópera e duas únicas comédias, as conhecidíssimas *O Barbeiro de Sevilha* e *O Casamento de Fígaro*, que têm ambas, como figura central, o sagaz Fígaro, reflexo do autor. Aliás, o nome dessa personagem vem sendo apontado como a deformação de *Fils Caron* (Pierre-Augustin Caron é o nome do escritor, filho de um relojoeiro), que naquela época era pronunciado *Fi Caron*.

Detenhamo-nos apenas em *O Barbeiro de Sevilha*, de 1775, esta obra-prima de graça e frescor, apesar da banalidade do tema: um velho tutor, fazendo as vezes de pai e futuro marido da pupila; o apaixonado rival e o esperto valete que o ajuda a casar-se nas barbas do velho, e na sua própria casa. À primeira vista, não poderia haver maior trivialidade, podendo até mesmo aparecer como um amontoado de textos já conhecidos e assinados por Scarron (*A precaução inútil* é o título de uma obra deste autor, e tais palavras são repetidas, várias vezes, ao longo da comédia que é motivo de nossos comentários e que tem esse subtítulo), por Regnard e, sobretudo, pelo imortal Molière. Nenhuma grande novidade é encontrável nas situações cômicas da peça e o próprio autor aí reconhece "uma espécie de novidade", tendo escrito:

> Entregando-me a meu alegre caráter, tentei em *O Barbeiro de Sevilha* levar ao teatro a antiga e franca alegria, aliando esta ao tom ligeiro de nossa graça atual. Mas como isso mesmo era uma espécie de novidade a Peça foi vivamente perseguida[3].

Peça alegre, isto é *O Barbeiro de Sevilha*, permanecendo bem distante da sátira política e social que aparecerá em *O Casamento de Fígaro*, pois a célebre réplica de Fígaro — "Pelas qualidades que são exigidas de um criado, conhece Vossa Excelência muitos senhores que seriam dignos de ser valetes?" — serve por ora, apenas para caracterizá-lo como o insolente espirituoso, sem exprimir a menor sombra de revolta do inferior e o choque entre as classes. É sabido que, enquanto a comédia não exprime suas intenções satíricas de maneira concreta, centrando-as numa personagem odiosa — alvo de ridículos —, a sátira não sai do campo verbal. Nesta primeira peça estamos ainda, portanto, no reino da comédia, sem os ousados ataques que caracterizam a obra seguinte, em que o teatro se torna "uma grande

---

3. VOLTZ, Pierre. *Op. cit.*, p. 126.

tribuna"[4]. E oportuno é, parece-nos, transcrever o pensamento de Beaumarchais expresso, de maneira muito graciosa, na "Carta Moderada" que precede a peça, e onde o autor, tal um cômico ator, se diz "vestido modestamente e curvado" para apresentar sua obra; assim a explica:

> Não querendo fazer senão uma peça divertida e sem fadiga, uma espécie de "imbroglio", bastou-me que o maquinista, em lugar de ser um celerado, fosse um rapaz singular e divertido, um homem despreocupado que ri da mesma forma do êxito e da queda de seus empreendimentos, para que a obra longe de pender para o drama sério, se tornasse uma comédia muito alegre.

Muito alegre e divertida é, pois, esta peça que apresenta uma série não insignificante de traços, de vocábulos, de efeitos já empregados por outros autores. E impossível é evitar de estabelecer relações — como dissemos —, principalmente com Molière: não faltam cenas que recordam *O Amor Médico* e *O médico à força*, com a sua sátira, sempre risível, aos médicos — é o caso, por exemplo, da cena 13 do Ato II. Mas é com a famosa *A Escola das Mulheres* que se evidencia maior e indiscutível parentesco. Recordemo-las: Bartholo é o correspondente ao Arnolfo moliéresco, porém mais astuto, desconfiado, menos tolo, e sempre de atalaia para que não o enganem, o que não o impede de ter um destino semelhante ao de seu antecessor; Rosine, é a ingênua maliciosa, a inocente esperta que sabe o que quer, para onde vai, sendo uma verdadeira mulher daquele século XVIII, mais alerta e vivo que o anterior; ela e Lindor (Alonso, ou melhor, o Conde de Almaviva que usa várias vezes o disfarce, procedimento habitual desse tipo de peças) são a Agnès e o Horácio, personagens de Molière, que se unem apesar da oposição do Bartholo-Arnolfo, ajudados pelo "maquinista" Fígaro, o valete que corresponde ao Mascarille de Molière, ao Gil Blas de Lesage ou ao Trivelin de Marivaux, e que se inscreveria totalmente na linha dos valetes de Comédia, não fosse a sua complexidade. Ultrapassa o papel de simples criado, uma vez que já teve outros tipos de trabalho, que ele enumera ao Conde, seu antigo patrão, quando se reencontram no começo da obra; é, entre outros, poeta, autor fracassado, o que não lhe tira o amor da ação. Seu espírito audaz e aventureiro o impele para a frente, sem descanso, tal como o de Beaumarchais; aliás, como já tivemos oportunidade de dizer, ambas as figuras — dramaturgo e personagem — se aproximam, confundindo-se pela "verve", pelo dina-

---

4. VOLTZ, Pierre. *Op. cit.*, p. 125.

mismo, pela alegria e pela combatividade. O que se sabe de Beaumarchais no-lo mostra como um homem dotado de uma vivacidade ímpar, de um espírito de luta realmente notável, reerguendo-se com mais energia cada vez que era abatido pelas circunstâncias e recusando-se a representar na vida o ingrato papel de vencido.

As personagens de Beaumarchais — originais, apesar de tudo o que devem a Molière — movem-se com graça e falam num diálogo vivo, conseguindo despertar o riso do espectador. O ex-relojoeiro que sabe, como se tem dito, manejar as minúsculas peças do mecanismo intrincado de um relógio, sabe também lidar com as figuras da intriga que tem em suas mãos, encaixando com destreza peripécias e acontecimentos, com o que obtém a visada adesão do público. Ninguém melhor que o dramaturgo pós-Molière para conduzir a intriga, mantendo sempre vivos o interesse e a atenção do espectador, mediante "coups de théâtre"; muitas vezes, um único lance suscita diferentes reações nas personagens porque diferentes são as situações em que se encontra cada uma. Neste sentido, freqüentemente elogiada tem sido a a cena 11 do Ato III, em que proliferam embustes e qüiproquós; o Conde, disfarçado, se apresentara na casa de Bartholo como professor de canto para substituir Bazile que está "enfermo", e conseguira, na presença do próprio Bartholo, comunicar-se amorosamente com Rosine, através de uma aula simulada. Porém, a chegada abrupta de Bazile, que era temida pelos jovens e aguardada pelo público — é a cena 11 — poderia levar ao desmascaramento do impostor, prejudicando os planos do par amoroso. Ora, a conivência de todos, e mesmo de Bartholo que tudo ignora, além de uma bolsa de dinheiro a Bazile, convencem a este último de que, por estar doente, deve ir para a cama. Ele, que deveria esclarecer o tutor quanto à mistificação de que está sendo vítima, sai sem nada dizer. Esta cena, que é preciso imaginar representada, vai num crescendo notável até a saída de Bazile, acompanhado por todos, que riem. A jovialidade e a vivacidade imperam; de confusão em confusão a cena avança e altamente cômico é o final. Se Bartholo pede a Bazile notícias sobre o "homem de lei" (que deverá realizar seu casamento com Rosine) — e essas palavras são repetidas com diferentes tons por várias personagens —, procura o Conde desviar a atenção e todos colaboram para a saída daquele que poderá prejudicar os planos mistificadores:

O Conde, *a Bartholo, à parte* — O senhor quer então que ele se explique diante dela? Despeça-o.

Bartholo, *baixo, ao conde* — O senhor tem razão. (A Bazile) Mas que mal o tomou assim tão subitamente?
Bazile, *em cólera* — Eu não o compreendo.
O Conde *lhe põe uma bolsa na mão:* — Sim, o senhor Bartholo lhe pergunta o que vem fazer aqui, no estado de indisposição em que se encontra?
Fígaro — Ele está pálido como um morto!
Bazile — Ah! eu compreendo...
O Conde — Vá deitar-se, meu caro Bazile; o senhor não está bem e nos faz morrer de medo. Vá deitar-se.
Fígaro — Ele tem a fisionomia completamente perturbada. Vá deitar-se.
Bartholo — Palavra de honra, ele faz sentir a febre a uma légua de distância. Vá deitar-se.
Rosine — Por que saiu? Esse mal é contagioso. Vá deitar-se.
Bazile, *com o maior espanto* — Que eu vá deitar-me!
Todos os atores juntos — Sim! sem dúvida!
Bazile, *olhando-os a todos* — Com efeito, senhores, creio que não farei mal em retirar-me; sinto que aqui não estou à vontade.
Bartholo — Até amanhã, se o senhor estiver melhor.
O Conde — Bazile, eu estarei em sua casa bem cedinho.
Fígaro — Acredite-me, fique bem quentinho em sua cama.
Rosine — Boa noite, senhor Bazile.
Bartholo *à parte* — Que o diabo carregue, se eu compreendo alguma coisa! e sem esta bolsa...
Todos — Boa noite, Bazile, boa noite.
Bazile, *saindo* — E então! Boa noite pois, boa noite (os outros o acompanham todos, rindo).

Como vemos, é a alegria em cena; é a vivacidade. Qüiproquós, disfarces, todos esses velhos procedimentos farsescos usados para fazer rir aparecem como que remoçados pela destreza desse Fígaro da vida real. E os diálogos vivos, rápidos, com suas réplicas que se opõem de maneira engenhosa, brilhante, sem desfalecimento, fazem de Beaumarchais um digno discípulo do genial Molière, fato reconhecido por seus contemporâneos, que diziam: "Foi encontrado o filho de Molière".

6. MARTINS PENNA, O MOLIÈRE BRASILEIRO

"Martins Penna, o Molière brasileiro", foi como o definiu João Caetano; e tal tema tem merecido alguns estudos que apontam as semelhanças e dessemelhanças entre os dois autores. Com efeito, o que os aproxima é o fato de terem cultivado a comédia de costumes, erigindo-se ambos em notáveis observadores da sociedade em que viveram; se a França do século XVII revive para nós, graças aos olhares penetrantes do seu maior autor cômico que soube dissecá-la, não é menos verdade que o Brasil de parte do século passado se nos oferece, graças à obra de nosso primeiro dramaturgo, pois só com ele, a partir de 1838, adquiriu o teatro nacional a autonomia e a personalidade que lhe faltavam. Já Silvio Romero considerava que "se se perdessem todas as leis, escritos e memórias da História Brasileira durante os primeiros cinqüenta anos do século XIX", as peças de Martins Penna poderiam, sozinhas, "reconstruir por elas a fisionomia moral de toda essa época" e este constitui "o maior elogio de seu talento"[1]. Portanto, Molière representa para a França o que Martins Penna para o Brasil, afirmação que não significa igualdade, por exemplo, quanto à estrutura das peças ou quanto à elaboração das personagens.

O teatro de Molière se desdobra desde as mais ingênuas e primitivas farsas de um ato, que apenas provocam o riso fácil — *Os ciúmes do Barbouillé* e *O médico volante*, suas primeiras obras, levadas para Paris, quando retorna do interior, e que são ainda esqueléticas, pois serviam como uma espécie de roteiro sobre o qual os atores improvisavam —, passa pelas peças em três atos, que supõem maior domínio das técnicas do *métier* — *George Dandin* é um exemplo da sua evolução, a partir de *Os ciúmes do Barbouillé* — até chegar às Grandes Comédias, melhor estruturadas, em cinco atos, em versos alexandrinos — *O Tartufo* ou *O Misantropo* — ou em prosa, como *O Avarento*, peças em que surgem notáveis e ímpares criações: o hipócrita Tartufo, o misantropo Alceste ou o avarento Harpagão, cujos nomes, por sua popularidade, entraram para a língua corrente como designadores dos vícios ou defeitos que as caracterizam. Comédias de intriga, de costumes e de caracteres, nas quais nunca se faz ausente o elemento farsesco, em maior ou menor dosagem, servindo não apenas para despertar a hilaridade, mas também para exprimir idéias ou pintar caracteres, constituem o rico teatro de Molière, um teatro que, conseqüentemente, faz pensar na criatura humana e em seus defeitos, eternos. Ora, o talento de Martins Penna — porque também o tem — se manifesta de maneira mais primitiva, sem apresentar sua obra a diversidade ostentada pelo outro. Mais simples, menos elaborado, menos variado quanto ao tipo de peças, nem por isso é o seu teatro menos rico em observações sobre o homem brasileiro, numa sociedade que não tinha, é evidente, os refinamentos da francesa.

O universo de Molière é povoado: por *nobres*, os freqüentadores do salão de Célimène, os marqueses vaidosos (de *O Misantropo*), os grandes senhores cínicos e desenvoltos, como *D. Juan* ou os inescrupulosos, como Dorante (de *O Burguês Fidalgo*) ou ainda os simpáticos misantropos, como Alceste, da peça cujo título já identifica seu protagonista; por *burgueses* com uma certa fortuna, como Chrysale (de *As Sabichonas*), Orgon (de *O Tartufo*) ou Argan (de *O Doente Imaginário*), burgueses ricos como Harpagon e, ainda, comerciantes como o Sr. Guillaume (de *O Amor Médico*), professores (de *O Casamento*

---

1. *Comédias. Com um estudo sobre o Theatro no Rio de Janeiro* por Mello Morais Filho e sobre o auctor por Silvio Romero. Rio de Janeiro, H. Garnier Livreiro Editor, s. d., p. LVIII.

Forçado), notários (de *O Doente Imaginário*), médicos e boticários (de *O Sr. de Pourceaugnac* e de tantas outras peças), usurários (de *O Avarento*), etc.; e por criadas e criados *oriundos do interior* e que aparecem, de maneira simpática e individualizada, em todas as peças; é a fauna social molieresca. Não menos curiosa é a do brasileiro, podendo suas personagens serem classificadas, de acordo com o local de origem, em sertanejas, cariocas ou estrangeiras, ou também de acordo com a profissão exercida, desfilando nas suas peças: juiz, lavrador, caixeiro, irmão das almas, meirinhos, médicos e outras[2], ou mais precisamente: um juiz ignorante, parasita e desonesto (em *O Juiz de Paz da Roça*), um caixeiro, ambicioso e desonesto (em *O Caixeiro da Taverna*), dois irmãos das almas, sendo um desonesto e fraco e outro, intrigante (em *Os Irmãos das Almas*), três meirinhos, sendo dois jogadores e um beberrão, mas todos prevaricadores (em *Os Meirinhos*), três médicos ridículos e ignorantes (em *Os Três Médicos*), quatro negociantes, sendo dois prepotentes (em *As Casadas Solteiras*), um desonesto (em *O Judas em Sábado de Aleluia*) e outro autoritário (em *Os Meirinhos*), um cabo de esquadra e um capitão de guarda, ambos desonestos (em *O Judas em Sábado de Aleluia*), um especulador, vilão e interesseiro (em *Os Dous ou O Inglês Maquinista*), um traficante de escravos, vilão (na mesma peça), um agiota (em *O Usurário*), um malsim, ladrão (em *O Cigano*), um vendilhão, ladrão (na mesma peça), um empregado público preguiçoso (em *Os Dous ou O Inglês Maquinista*), um dono de bilhar, desonesto (em *Os Meirinhos*), três desocupados, dos quais um é ladrão (em *O Cigano*), um malandro e jogador (em *Comédia sem Título*) e outro desonesto e bígamo (em *O Noviço*), etc.[3]. Como vemos, proliferam os velhacos, os inidôneos, numa visão não muito lisonjeira da sociedade da época, ou, nas palavras de Sábato Magaldi:

A safadeza menor, o mau caráter, o roubo poltrão, a pequenez de tudo – esse é o retrato melancólico feito por Martins Penna da maioria de suas personagens. Essa é a triste imagem refletida em sua obra[4].

Mas esta imagem é traçada e pintada com cores não sombrias; se as usasse não suscitaria o seu teatro aquele riso espon-

2. MAGALDI, Sábato. *Panorama do Teatro Brasileiro*. S. Paulo, Difusão Européia do Livro, 1962, p. 44.
3. Trabalho mimeografado de Eby Fernandes, nossa ex-aluna de Pós-Graduação, que procedeu ao levantamento das profissões das personagens do dramaturgo.
4. MAGALDI, Sábato. *Op. cit.*, p. 46.

tâneo que vem sempre associado ao autor, à simples menção do seu nome.

Martins Penna é o riso, como também o riso é Molière. Só que Martins Penna opera mediante pinceladas rápidas e, conseqüentemente, não cria como o clássico francês aquelas inolvidáveis figuras de relevo e de profundidade psicológica às quais nos referimos no início; esta inconsistência é, porém, compensada pela massa de pormenores reais, donde seu valor de documentário, além do incontestável sabor folclórico.

Se ao encetar a carreira teatral (breve quanto breve foi sua vida) já recebera a influência da literatura européia divulgada no país — comédias de costumes e de crítica, obras acerca do pitoresco da realidade brasileira —, seu teatro testemunha não só o talento para a assimilação, mas também, e sobretudo, a acuidade de sua observação crítica, criando

uma comédia bem brasileira e no fim de contas original, se não nas técnicas cênicas (o que seria pedir demais ao jovem estreante), pelo menos no conteúdo, no espírito, no sentido da atualidade e na sintonia com os interesses e o gosto de seu público popular[5].

Dramaturgo popular nato, agradou ao seu público com personagens que se exprimem numa linguagem coloquial que até então não havia sido empregada por nenhum autor brasileiro; e agradou, sem falsas idealizações, pois não embeleza flagrantes da vida brasileira, quer na roça, quer na cidade, com os costumes cariocas da época. Ao contrário, a visão que nos dá é realista — entendendo-se, com isto, um realismo convencional, longe da idealização romântica característica, por exemplo, dos romances de Macedo — e pode talvez ser explicada pelo contato direto com o público que estimulava sua pintura tão saborosa, aplaudindo-o, a cada uma de suas obras. Apesar de viver na época do Romantismo, revela um certo espírito independente e seu modo de sentir *o social*, como observa Alfredo Bosi, "já era bem menos conservador que o do primeiro grupo romântico, no qual costuma ser integrado por motivos contingentes"[6]. É suficiente tomarmos a sua peça *O Juiz de Paz da Roça*, de um ato, cuja primeira redação data de 1833, para conhecermos — com o desconto do tom burlesco —, qual seria a vida de um juiz de paz no interior. Vemo-lo no exercício de seu cargo: venal e

---

5. AMORA, Antonio Soares. *Martins Penna ante as fontes de seu teatro*. Dyonysos. Rio de Janeiro, Serviço Nacional de Teatro do Ministério de Educação e Cultura, fevereiro de 1966, nº 13, p. 25.
6. BOSI, Alfredo. *História Concisa da Literatura Brasileira*. São Paulo, Cultrix, 1970, p. 165.

arbitrário, se bem que com intenções de bem exercer seu cargo. Ao mesmo tempo que julga, recebe leitões, ovos e frutas de presente, como uma espécie de pagamento; recruta ainda soldados para a luta contra os farrapos ou para a perseguição dos quilombos. O desfilar pitoresco dos "casos" que demandam sua atenção constitui uma pitoresca e curiosa galeria, ainda que rapidamente esboçada; e está completo um quadro, ou melhor, um aspecto da vida brasileira da época.

Os cantos e danças do final dessa peça, numa alegre confraternização pelo casamento da filha do lavrador Manuel João, que é também guarda nacional, tudo ao som da viola, das palmas e dos caquinhos coroa a representação, enaltecendo o "grande" juiz:

Tocador, *cantando* — Em cima daquele morro
                      Há um pé de ananás;
                      Não há homem neste mundo
                      Como o nosso juiz de paz.
Todos — Se me dás que comê
        Se me dás que bebê
        Se me pagas as casas
        Vou morá com você.

E uma pergunta se nos impõe: Conheceria Martins Penna o Cervantes entremezista? Parece-nos que se aproxima aqui muito mais do autor espanhol e de suas divertidas peças curtas que de Molière; e é assim que deixamos a pergunta no ar...

O teatro de nosso primeiro autor dramático é, como dissemos de início, não muito elaborado; mas se o dramaturgo é incapaz de bem armar uma intriga complexa ou de sondar os recônditos da alma humana, se não tem o virtuosismo daquele com quem vem sendo comparado sempre — o genial Molière —, sabe contudo captar flagrantes da realidade brasileira, transmitir a sensação viva do real; e, através da sua obra, temos um painel divertido, mas nem por isso menos sério, da sociedade de seu tempo. É a crítica, diluída nas facécias, suavizada pelos risos, de um "Molière brasileiro".

7. A LINGUAGEM DE IONESCO

Muito tem sido notada, acusada e comentada a revolução do "Novo Teatro Francês" ou "Teatro do absurdo" que, derrubando valores já admitidos e assentes através dos tempos, rechaçando o direito adquirido pela herança, procurou abrir passo no mundo cênico, de maneira que o bifurcou em vias opostas, inconciliáveis: de um lado, o teatro tradicional, psicológico, com a expressão e a linguagem dramática herdada de seus predecessores; e, de outro, o "Novo Teatro", com suas reivindicações e conquistas, entre as quais ocupa lugar de relevância a linguagem. O clássico Montherlant, com seu teatro literário, povoado de personagens a exprimirem-se sonoramente, nobremente, elegantemente, não poderia ser bem aceito pelos inovadores que nele viram e vêem uma forma antiteatral de expressão. E até Sartre, com suas criaturas que se expressam de maneira mais comum e diária, sem a elegância e o refinamento que caracterizam as montherlantianas, também Sartre foi e é alvo de reparos. Daí a criação de uma linguagem própria, singular, ainda que lançando mão, é obvio, do vocabulário de todos os dias, além de outros "objetos" de teatro: cenário, acessórios e meios audiovisuais. O valor da "palavra-objeto", diz Jean-Luc Dejean[1], não é, no entanto, o mesmo para todos esses dramaturgos: "poético, político ou mágico", para uns; "elemento de construção" utilizado livremente por outros; recurso desprezado por outros mais. E o que se nota é que se perdura a "linguagem da desmistificação da linguagem", seguindo os dramaturgos sobretudo as pegadas de Ionesco e Beckett, os "clássicos" do "Teatro do Absurdo"; se existe uma "linguagem instrumento lúdico" (com Jean Vauthier, Romain Weigarten ou René de Obaldia), aparecem ao lado uma "linguagem poética" (com o libanês Georges Schehadé ou o antilhano Aimé Césaire), e ainda uma linguagem que volta a encontrar seu valor como vínculo entre o sensível e o inteligível (com Marguerite Duras ou François Billet-Doux).

A impotência da linguagem como meio de comunicação é uma característica de Ionesco. Linguagem demolidora da linguagem esclerosada, vazia de sentido, absurda; é uma das contribuições do autor à nova linha teatral, a partir de *A Cantora Careca* (1949), com suas extravagantes réplicas, suas vulgaridades, seus estereótipos bastante gastos e reflexo dos automatismos do pensamento. Ou, como ele mesmo o diz, em *Notes et Contrenotes:*

> A linguagem se havia desarticulado, as personagens se haviam decomposto: a fala absurda se havia esvaziado de seu conteúdo. As palavras, se haviam tornado cascas sonoras, desprovidas de sentido[2].

Como é sabido, a Lingüística considera a língua meio de comunicação entre os homens de um determinado grupo lingüístico, fundado num sistema fônico coerente, de natureza simbólica, sendo no entanto arbitrário este simbolismo. É o "signo", que Saussure apresentou como constituído de dois elementos, estreitamente associados: o "significado" e o "significante", sendo o primeiro de ordem puramente psíquica e mental; e o segundo, material. "A linguagem" (*parole*), fenômeno individual, está conforme com a "língua" (*langue*), fenômeno coletivo, e emprega a "língua" na medida em que ela é portadora de sentido, graças aos signos de que ela se utiliza[3]; mas, para

---

1. DEJEAN, Jean-Luc. *Le Théâtre Français d'aujourd'hui*. Paris, Ed. Fernand Nathan, 1971, p. 77.
2. IONESCO. *Notes et contrenotes*. Paris, NRF, 1966, pp. 150-60.
3. SAUSSURE, Ferdinand de. *Cours de Linguistique Générale*. Paris, Payot, 1960, p. 100 e ss.

Ionesco, sendo a linguagem criação do homem, em geral, não será um reflexo do *eu* individual nem apta a exprimi-lo. É o problema de fossilização da linguagem através de clichês já gastos, conversações ocas, vazias, triviais, de pessoas que falam apenas "porque nada há de pessoal", acusando "a ausência de vida interior, a mecância do quotidiano, o homem banhando no seu meio social, dele não se distinguindo"[4].

Manifestando Ionesco, desde *A Lição* (1951), através da bizarra logorréia do Professor e de seu diálogo ilógico e desconcertante com a aluna, sua idiossincrasia à majestade doutoral da linguagem; ilustrando sempre sua opinião sobre a mediocridade da linguagem quotidiana como meio de comunicação, procurou ele a "Dessacralização" da palavra, desintegrando-a, desarticulando-a, reconstruindo-a, caoticamente. É sua recusa da linguagem comum. Assim é que a linguagem ionesquiana, sobretudo nas obras de sua primeira fase, tal uma entidade à parte no interior das peças, tem sido considerada lídimo catalisador, muito singular, que condiciona personagens e, conseqüentemente, a ação. Irrompem absurdos:

A verdade não tem senão duas faces, mas seu terceiro lado vale mais.

Surgem cômicas transformações de frases-feitas já consagradas pelo uso:

"Acariciem um círculo, ele se tornará vicioso" (*A Cantora Careca*). Proliferam deturpações verbais, mediante analogia, que são divertidos neologismos, nos moldes de Rabelais: "centagénaire" (isto é, "centenário"), "Vilenain" (isto é, "desprezível") e tantos mais.

Quer Ionesco acusar e satirizar a fossilização da linguagem. Daí seus cômicos "desvios". Sabe-se que os desvios podem ocorrer normalmente quando "significantes", desprendendo-se de seus respectivos "significados", se colam a outros "significados", dando origem às metáforas, que apresentarão diferente grau de hermetismo, na medida em que foi ou não natural a aderêi dependendo ainda do contexto. Mas esta permuta pode realizar-se pelo *lapsus linguae*, que Freud explica através do subconsciente do emissor que interfere, contrastando com o pensamento que, conscientemente, ele julga ter; ou, ainda, pode realizar-se quando, durante o aprendizado de uma língua estrangeira, falha

4. IONESCO. *Op. cit.*, pp. 150-60.

a memória com a conseqüente substituição de termos. São estas permutas que Ionesco utiliza na primeira peça — *A Cantora Careca* —, onde não há nenhuma cantora careca[5], mas que apresenta Mr. e Mrs. Smith, autênticos *robots* desprovidos de pensamento e que apenas tagarelam todo o tempo, sem chegarem a comunicar-se, dando-se o mesmo com Mr. e Mrs. Martin, as visitas, que, substituindo os primeiros, repetem as mesmas frases (inspiradas no método Assimil para o aprendizado do inglês). Mas as permutas não aparecem apenas nessa diatribe contra o homem com suas idéias *reçues*, seus eslogans e seu conformismo; surgem no teatro ionesquiano, de maneira geral, criando um mundo louco, absurdo, pela precedência do significante ao significado. Ouçamos a declaração do dramaturgo, em 1960:

> Há dez anos, eu me bato contra o espírito burguês (...). Sendo o pequeno burguês o homem das idéias aceitas, dos eslogans, o conformismo geral; este conformismo, está claro, é sua linguagem automática que o revela[6].

Maurice Lecuyer, no seu estudo *Ionesco ou la Précédence du Verbe*[7], focaliza, entre outros, um caso de permuta e procede à devida correção, tendo em vista o contexto (ambiente burguês e sintaxe coerente). Trata-se da fala da mãe de Jacques, em *Jacques ou A Submissão;* diz ela:

> Ah! filho ingrato, você não se lembra mesmo de quando eu o mantinha nos joelhos, e *arrancava* seus *dentinhos* graciosos, e *as unhas* de seus *artelhos*, para fazer você *esgoelar-se* como um *novilhozinho* adorável.

O texto coerente, pela substituição dos verdadeiros significantes, é:

> Ah! filho ingrato, você não se lembra mesmo de quando eu o mantinha nos joelhos, e *acariciava* suas *facezinhas* graciosas, e *as plantas* de seus *pezinhos*, para fazer você *rir* como um *anjinho* adorável.

A substituição, ou correção, permite ver que o dramaturgo, além de parodiar as palavras maternas (o que seria apenas clássico), as leva ao absurdo.

Já que a linguagem quotidiana, ou para nos exprimir à maneira de Heidegger, "la parlerie quotidienne" está esclerosada

---

5. O título se originou de um *lapsus linguae*. Um ator, na ocasião dos ensaios, teria dito *cantatrice chauve* em lugar de *institutrice blonde*, provocando muitas risadas.

6. IONESCO. *Arts*, 20/1/1960.

7. LECUYER, Maurice. *Ionesco ou la précédence du verbe. Cahiers Renaud-Barrault*. Paris, Gallimard, nº 53, 1966, p. 7.

pelo uso, por que não recriá-la? Donde a manipulação, aliás burlesca e que revela a fértil e aguda imaginação do autor, de frases-feitas, como:

> Meus filhos, desconfiai uns dos outros.

pronunciada pela Velha, de *As Cadeiras*, parodiando o preceito evangélico de amor recíproco, com a superposição de "Desconfiai" a "Amai". Não seria a lei formulada por Bergson, segundo a qual "Ter-se-á uma palavra cômica, inserindo uma idéia absurda num molde de frase consagrado"?[8]

Muitas vezes, longas cadeias de palavras sugeridas apenas pela semelhança sonora, mas sem nenhuma associação semântica, são freqüentes em Ionesco, que vê as palavras como simples cascas fônicas sem o recheio do significado. Assim, Mr. Smith, de *A Cantora Careca*, diz, enfileirando sons, frases que mantemos no original francês:

"Le pape dérape. Le pape n'a pas de soupape. La soupape a un pape" ("O papa derrapa. O papa não tem válvula. A válvula tem um papa"). Da mesma forma a mãe de Jacques, de *Jacques ou A Submissão*, afirma que foi para ele: "une amie, un mari, un marin" ("uma amiga, um marido, um marinheiro"); ou a Velha, de *As Cadeiras*, ao perguntar sobre os convidados, diz: "Au moins les as-tu tous convoqués? Le Pape, les papillons et les papiers?" ("Pelo menos, você os convocou a todos? O Papa, as borboletas e os papéis?").

Longas, outras vezes, são as enumerações, loucas, disparatadas, em turbilhão, fazendo com isso ressaltar o automatismo e o vazio do pensamento, como nesse exemplo extraído de *O Futuro Está nos Ovos*.

> Des ivrognes, des catholiques, des protestants, des israélites, des escaliers et des souliers, des crayons et des plumiers, des aspirines, des allumettes, des omelettes, surtout beaucoup d'omelettes.

cujo sentido é absurdo ("Bêbados, católicos, protestantes, israelitas, escadas e sapatos, lápis e estojos, aspirinas, fósforos, fritadas, sobretudo, muitas fritadas").

Percebe-se como se um termo arrastasse outro, tal um texto memorizado e repetido mecanicamente. As personagens

---

8. BERGSON, Henri. *Le Rire*. Paris. Presses Universitaires de France, 1969, p. 86.

falam, falam, e o automatismo pode seguir a linha afirmação-
-negação, como em *Delírio a Dois:*

> Ela — É o mesmo animal.
> Ele — Não é o mesmo animal,

afirmação-negação levada ao clímax do absurdo, quando, por exemplo, a mesma personagem delas se utiliza, sem qualquer transição:

> Ela — Você é capaz de tudo. Você não é capaz de nada,

ou quando este automatismo leva à repetição, seja ou não interrogativa:

> Ela — Você não está ferido?
> Ele — Você não está ferida? (No francês, como se sabe, é de igual pronúncia: "blessé" — "blessée")
> ....
> Ela — Você poderia prestar atenção.
> Ele — Você poderia prestar atenção.

Ionesco quer pôr em derrisão as frases-feitas, os lugares-
-comuns, já tão gastos que como que impedem o mecanismo normal da marcha do pensamento, fazendo, por exemplo, que uma personagem de *Vítimas do Dever* (1952) lance esta exclamação:

> Quanto caminho percorrido desde nossos antepassados, que viviam nas cavernas, se devoravam entre eles e se nutriam de peles de carneiro!

É a sátira da linguagem, acusando a vacuidade mecânica das palavras e os clichês de uso diário, através das personagens, ora prisioneiras dos estereótipos, ora dos objetos que proliferam por todas as partes, sufocando-as, paralisando-lhes a consciência. Os provérbios, reflexos dos automatismos da linguagem diária, avultam nos diálogos. Assim, em *A Cantora Careca,* lê-se:

> — O coração não tem idade.
> — É verdade.
> — Dizem.
> — Dizem também o contrário.
> — A verdade está entre os dois.
> — É justo.

A sátira da linguagem estereotipada, que poderia ser considerada mero jogo, jogo gratuito, em *A Cantora Careca* — seu subtítulo é *A Tragédia da Linguagem* —, já em outras peças, como em *O Rinoceronte* (1960), integra-se muito mais fortemente esta sátira numa crítica da sociedade, advogando pela defesa do homem contra a abdicação daquilo que o distingue dos animais, dos "rinocerontes": o pensamento. Sátira aos clichês lingüísticos inserida na sátira ao conformismo, ou, como se tem visto e dito, ao nazismo, mediante os habitantes de uma cidadezinha que se tornaram mecânicos nas suas reações às situações. "Eu conservarei minha lucidez" ou "Escuto meu dever", frases pronunciadas pela personagem Dudard, são ocas e enganadoras: estereótipos. É esta uma vítima da linguagem, assim como Bérenger, que se exprime apenas por clichês: "Vocês se dão bem conta de que nós temos uma filosofia, de que estes animais não têm um sistema de valores insubstituíveis. Séculos de civilização humana a construíram"; ou ainda como Botard, que passa de uma a outra idéia, de maneira inconseqüente, expressando-se sempre por frases-feitas. Se se fala de um gato que foi atropelado, ele começa:

> Trata-se de um gato ou de uma gata? E de que cor? De que raça? Não sou racista, sou mesmo anti-racista.

Se alguém menciona "jornalistas", lá vai ele com suas frases, que não são suas:

> Não sabem o que inventar para fazer vender seus desprezíveis jornais, para servir seus patrões, dos quais eles são os criados.

Palavras e mais palavras; raciocínios falsos; conclusões absurdas, como no caso do "Logicien", que constrói silogismos, em que fórmulas absurdas substituem o pensamento lógico:

> Todos os gatos são mortais. Sócrates é mortal. Portanto, Sócrates é um gato.

Ou:

> O gato tem quatro patas. Isidoro e Fricot são gatos.

Ao que a outra personagem diz:

> Meu cachorro também tem quatro patas,

e o primeiro conclui:

> Então, é um gato.

Como já foi notado, a Psicologia — e por que não a Sociologia? —, além da Lingüística, tornam-se imprescindíveis para a melhor compreensão do teatro de Ionesco. É a Psicologia que, estudando as raízes psicológicas da linguagem e os mecanismos cerebrais, pode bem explicar os automatismos da linguagem quotidiana. E a Psicologia patológica, segundo bem salientou Lecuyer, tratando casos de paralisia, atrofia, espasmos ou ataxia dos músculos da fonação ou casos de apraxia, poderá explicar certos outros aspectos da linguagem. Assim, um exemplo extraído de *As Cadeiras* por Lecuyer, e que aqui transcrevemos primeiro, em francês, por causa dos sons, mostra a semelhança dos reflexos orais das personagens com os esforços de articulação dos apráxicos:

Le Vieux – ...	Alors on a ri, on a ri, le ventre drôle, nu de riz à terre, la malle, l'histoire au mal de riz ventre à terre, ventre nu, tout de riz, alors on a ri, le drôle alors arriva tout nu, on a ri...
La Vieille – ..	Alors on a ri du drôle, alors arrivé tout nu, on a ri, la malle de riz, le riz au ventre, à terre...
Les deux Vieux –	Alors, on a ri. Ah!... ri... arri... arri... Ah!... Ah!... ri... va... arri... arri...
(O Velho – ...	Então, riu-se, riu-se, o ventre bizarro, nu de arroz por terra, a mala, a história do mal de arroz ventre por terra, ventre nu, todo de arroz então riu-se, o bizarro, então chegou todo nu, riu-se...
A Velha – ..	Então riu-se do bizarro, então chegou todo nu, riu-se, a mala de arroz, o arroz no ventre, por terra...
Os dois Velhos –	Então riu-se. Ah!... riu... che... che... Ah!... Ah!... che... gou... chego... chego...)

Talvez Ionesco nem tenha conhecimento desses casos de patologia da linguagem, mas o que quer é mostrar o homem incapaz de pensar por si mesmo e que fala, automaticamente, mecanicamente.

Diálogos absurdos; frases loucas; comportamento de autômatos. É o teatro de Ionesco — sobretudo na sua primeira fase —, com o espetáculo, em miniatura, da humanidade e seus reflexos condicionados. Comédia, numa valorização do mecânico em detrimento do vivo, segundo a fórmula de Bergson: "O mecânico aplicado sobre o vivo"[9]; mas também a Tragédia dessa humanidade escravizada às palavras e ameaçada de não mais poder pensar por si mesma. Comédia e Tragédia da esclerose da linguagem e do *entorpecimento das faculdades mentais*.

---

9. BERGSON, H. *Op. cit.*, p. 29.

8. DE PLAUTO A SUASSUNA: O QÜIPROQUÓ

Plauto, o autor latino; Molière, o comediógrafo francês do século de Luís XIV; e Suassuna, o nosso dramaturgo nordestino, são os três autores, entre outros, que se dedicaram à pintura do "avarento", no teatro. Considerando-se os verdadeiros achados dos dois últimos, nem assim fica minimizada a sua dívida em relação ao criador de Euclião, pois nas grandes cenas de suas peças — e em particular, naquela em que se enfrentam o velho avarento e o futuro genro, estabelecendo-se intrincado qüiproquó, de comicidade ímpar — seguem ambos, em linhas gerais, o mestre Plauto[1]. Harpagão e Euricão são dignos descendentes daquele obcecado possuidor da "panelinha" de dinheiro, na Antigüidade latina; só que, inserindo seus protagonistas em outro contexto histórico-social, transformam seus criadores "a panelinha"

---

1. PLAUTO. *Aulularia*. Trad. de Aida Costa. São Paulo, Difusão Européia do Livro, 1967.

em "cofre" ou numa simpática e inocente "porca" de madeira, em *O Avarento*[2] e em *O Santo e a Porca*[3], respectivamente.

Limitando nosso enfoque ao qüiproquó, este procedimento cômico que exige dos autores uma engenhosidade, um virtuosismo notável, vejamos inicialmente o seu mecanismo, exposto por Bergson, na sua obra já clássica: *O Riso*. Diz ele:

> Cada uma das personagens está inserida numa série de acontecimentos que lhe concernem, dos quais ela tem a representação exata e sobre as quais regula suas palavras e seus atos. Cada uma das séries que diz respeito a cada uma das personagens se desenvolve de maneira independente, mas num dado momento elas se encontram em condições tais que os atos e as palavras que fazem parte de uma podem bem convir à outra... O autor deve constantemente empenhar-se para trazer-nos para este duplo fato: a independência e a coincidência.
> Habitualmente, ele consegue isso, renovando sem repouso a falsa ameaça de uma dissociação entre as duas séries que coincidem. A cada instante tudo vai estourar e tudo se reajusta...[4]

É o que se verifica, magistralmente empregado, na peça de Molière. Mas restringindo nossa atenção, vejamos como se dá o qüiproquó em Plauto, passando em seguida ao de Suassuna, que muito se assemelha ao do primeiro, sem esquecermos, no entanto, de salientar, desde o início, que a cena em que se encaram o avarento roubado e o pretendente à mão de sua filha que será acusado de roubo, esta cena avança graças ao contexto, à situação e à verdade dos caracteres[5]. Licônides, o rapaz, vem confessar à Euclião que o vinho e o Amor o impeliram a agir como agiu com Fédria, violentando-a na noite das festas de Ceres; mas Euclião, obcecado pelo roubo do seu tesouro — a panelinha de ouro, que lhe representa tudo na vida —, recebe tal confissão como se fosse a do roubo. Há as "duas séries de acontecimentos", de que fala Bergson e cada uma é "independente"; mas há a "coincidência" entre elas, quando os atos e as palavras de uma convém à outra, isto é, os dois acontecimentos que interessam às personagens — o roubo da panelinha de Euclião e o pedido de casamento de Licônides — são indicados graças a

---

2. MOLIÈRE. *O Avaro*. Tradução de Oswaldo Mendes Cajado. In: *Teatro Escolhido*. São Paulo, Difusão Européia do Livro, 1965, pp. 5-113.
3. SUASSUNA, A. *O Santo e a Porca*. Rio de Janeiro, Livr. José Olympio Editora S.A., 1974.
4. BERGSON, H. *Le Rire*. Paris, Presses Universitaires de France, 1969, pp. 73-4 e seguintes.
5. LARTHOMAS, P. *Le Langage Dramatique*. Paris, Armand Colin, 1972, pp. 233-9.

termos vagos, e que por isso mesmo podem servir às preocupações de cada uma. Licônides usa os termos:

o mal	("*O mal* que tanto te faz sofrer fui eu que cometi: eu o confesso!")
ela	("Foi um Deus que me impeliu, ele que me atraiu para *ela*")
errei	("Confesso que *errei*")
culpado	("Eu sei que sou *culpado*")
isso	("Foi a vontade dos Deuses, eu acho; se eles não o quisessem eu sei que *isso* não teria acontecido")
la – ela – qualquer outra	("Já que ousei tocá-*la* não me recuso a ficar com *ela* para mim em vez de *qualquer outra*").
ela	("É preciso que *ela* seja minha").

Por seu lado, Euclião também emprega vocábulos imprecisos, que tanto servem para a sua própria preocupação, como para a do outro, dizendo:

isto	("Que mal eu te fiz, moço, para fazeres *isto* comigo (...)?")
perder	("... para me pores a *perder*, a mim e aos meus?")
isto	("Como ousaste fazer *isto* (...)? ")
do que	("... apoderar-te *do que* não é teu? ")
ela	("Porque, sem minha ordem, tocaste *nela*, que é minha? ").
o mal	("Não gosto dos homens que vêm desculpar-se depois que fizeram *o mal*").
ela	("tu sabias que *ela* não era tua")
a	("não *a* devias ter tocado")
ela	("Tu ficares com *ela*, que é minha?")
aquilo	("Deves devolver *aquilo* que tu me roubaste").

(pp. 117-9).

Há, como vemos, *a independência;* mas também *a coincidência* das duas séries de acontecimento, devendo notar-se a presença de um procedimento muito sutil, que joga com o duplo valor dos termos: um, material; outro, moral. Assim, para Euclião, aquilo que ele pensa ter sido um roubo de seu dinheiro, significa *uma perda*, e ele diz:

Que mal eu te fiz, moço, para fazeres isto comigo, para me pores *a perder*, a mim e aos meus?

Já essa *perda*, para Licônides, tem o sentido moral, e ele se desculpa, atribuindo a responsabilidade aos deuses:

Foi um Deus que me impeliu, ele que me atraíu para ela.

Sem alcançar a elaboração cômica de Molière, que nesta mesma cena do qüiproquó se desdobra num verdadeiro virtuosismo, de maneira a reativar o qüiproquó prestes a sofrer a ruptura, e que assim atinge o paroxismo cômico, já Suassuna, por sua vez, não deixa de fazer brilhar suas qualidades inventivas; e se não ultrapassa Molière, logra pelo menos manter-se em nível superior ao de Plauto. Seguindo Molière, faz que o termo "tesouro", seja empregado no sentido literal pelo avarento e no metafórico pelo jovem apaixonado, o que dá margem ao prolongamento do equívoco — é o jogo com o duplo valor dos termos —, mas apresenta, como veremos, marcas de originalidade. Analisemos o qüiproquó correspondente em *O Santo e a Porca*. Ambas as personagens — Euricão e Dodó — estão se sentindo "desgraçados": um, porque lhe roubaram a porca que contém seu rico dinheiro, guardado ano após ano; outro, porque vai confessar que, pelas manobras da criada, comprometeu o nome da filha do avarento. Aliás, há já algum tempo, tendo se apaixonado pela moça, se introduzira na casa, como criado, com um disfarce que o deforma grotescamente.

Os termos imprecisos utilizados por uma e outra personagem dão margem à confusão. Como tanto o avarento como Dodó não se exprimem de maneira clara e objetiva sobre os problemas que os torturam, se estabelece o cômico mal-entendido. É Dodó que diz:

a culpa ("*A culpa* foi minha")
desgraça ("Fui eu que causei sua *desgraça*")
tudo ("Vim confessar *tudo*")
um acaso (O motivo "foi ao mesmo tempo *um acaso* e *uma*
uma necessidade necessidade")
falta ("Minha *falta* é grave mas vim exatamente pedir que me perdoe")

E Euricão também não se define, claramente; fala da porca, mediante o emprego de pronomes ou de termos vagos:

aquilo ("Como é que você teve coragem de tocar *naquilo* que não lhe pertencia?")
aquilo ("Com que direito você foi tocar *naquilo* que era meu?")
ela ("Você sabia que *ela* não era sua, não devia ter tocado *nela!*")
ela ("Você não veio confessar? E depois, de repente, começa a se desdizer, dizendo que não tocou *nela*. Como é, tocou ou não tocou?").
aquilo (O outro deve devolver: "*Aquilo* que me pertencia e que você tirou").

Quando parece que o qüiproquó vai desfazer-se, pois o avarento usa, afinal, o termo "porca", dizendo:

O que eu quero é minha porca que você confessou ter roubado;

suas palavras despertam a revolta de Dodó e a consternação da moça. Mas, em lugar de desfazer-se, o qüiproquó continua, pois os jovens tomam o termo "porca" como ofensa:

> — Ai, meu Deus, por que o senhor me insulta?
> — Isso é coisa que o senhor diga? Porca por quê? Sua filha é a mais pura das moças, portou-se com toda a prudência e o senhor a trata com essa grosseria.

Esclarece-se, finalmente, o equívoco, que se encaminhava para outro rumo, diferente do de Plauto, se bem que também neste surjam ambigüidades não muito elegantes e refinadas. Mas à comédia tudo é permitido com o fito de provocar o riso; e Suassuna é um mestre nesta arte, valendo-se de tal recurso como um procedimento infalível para a consecução dos seus fins. Não só este, mas outros qüiproquós há na peça; construída com base em mal-entendidos, para os quais muito contribui a inventividade da criada Caroba, a personificação da esperteza, está *O Santo e a Porca* enriquecida pelo seu "sentido filosófico e os elementos nordestinos da porca e seu protetor" (...) que conferem "o timbre de originalidade ao velho tema"[6]. Tem assim seu lugar garantido entre os cômicos pintores da figura do avarento, formando a cadeia: Plauto — Molière — Suassuna.

---

6. BANDEIRA, Manuel. Apresentação da peça, na edição mencionada de *O Santo e a Porca*.

II. O TEATRO DO SÉCULO DE OURO
ESPANHOL E FRANCÊS

9. O CONFLITO AMOR/SOCIEDADE EM *LA CELESTINA**

Constante, e portanto não novo, vem sendo o paralelo entre o juvenil casal shakespeariano — Romeu e Julieta — e o par amoroso de *La Celestina* ou *Tragicomedia de Calisto y Melibea*, obra-prima da literatura espanhola que se situa na passagem da Idade Média ao Renascimento[1]. Tão infelizes quanto os heróis de Shakespeare o foram Calisto e Melibea. Amor infortunado e morte os aproximam; e Wolf, já em 1845, ao ver o judeu

---

* ("Suplemento Cultural" de *O Estado de São Paulo*, 16/7/1978, p. 3-4).
1. *Tragicomedia de Calisto y Melibea, libro también llamado La Celestina.* Madrid, Consejo Superior de Investigaciones Científicas, 1958. A 1ª edição que se conserva foi publicada em 1499, em Burgos, e consta de 16 atos. A 2ª edição é de 1501, em Sevilha, e declara, num curto Prólogo e nos versos acrósticos, que o Bacharel Fernando de Rojas encontrou já composto o Ato I, tendo escrito os outros 15, durante meio mês de férias. A 3ª edição, de 1502, também de Sevilha, apresenta a intercalação de mais 5 atos, chegando-se à redação definitiva: 21 atos. Algumas edições posteriores apresentam um Ato XXII, que nada tem a ver com a obra.

converso Fernando de Rojas como o possível autor da peça espanhola, apontava-o como precursor do teatro elisabetano, estabelecendo comparação entre as duas obras. A cena do encontro amoroso de Calisto e Melibea, no jardim, envolta em auréola poética, e que precede a da trágica morte do rapaz, apresenta, dizia então Wolf, todas as qualidades para sustentar o paralelo com a tão famosa cena do balcão, de *Romeu e Julieta*[2]. Outros autores, na Alemanha, apoiaram-no. E, na Espanha, Juan Valera, em 1870, retomava a tese, proclamando a semelhança entre as obras[3], no que foi seguido pelo mestre Menéndez y Pelayo. Estava assentado o aspecto pré-shakespeariano da peça: "Drama de amor juvenil, quase infantil, um drama semelhante ao de Julieta e Romeu"[4].

Interessante é notar o deslocamento sucessivo do interesse da crítica. Se o século XIX, atendo-se aos aspectos sentimentais e trágicos da obra, viu em Rojas o ignorado Shakespeare espanhol, já o século XX tentará descobrir a filosofia secreta do autor. Que se trata de um judeu converso, não há mais dúvidas após as pesquisas do Professor Serrano Sanz que, entre os processos da Inquisição de Toledo, encontrou um, de 1525, contra Álvaro de Montalbán, pela não prática da religião a que se convertera. Declara ele ter uma filha, "Leonor Álvarez, mulher do bacharel Rojas, que compôs Melibea", indicando como advogado e defensor do seu caso "o bacharel Rojas, seu genro, que é converso"[5]. Ora, baseando-se na origem judaica de Rojas, procurou Ramiro de Maeztu desvendar "a alma semítica" do autor (através de suas personagens), "o espírito torturado pelo problema religioso" desse judeu converso que "espalhou em sua obra os sentimentos ancestrais, sem no entanto adotar, de coração, os de sua pátria nativa"[6]. Mas, antes de Maeztu, Menéndez y Pelayo se deixara levar pela tentação de procurar na obra uma tendência ideológica em contraste com a ortodoxia moral e religosa com a qual Fernando de Rojas concordava, nas peças iniciais e finais. Notando a "monstruosa confusão do humano e do divino" de *La Celestina*, cujas personagens vivem numa sociedade cristã, praticam devoção externa, mas falam e agem como pagãos, sem

---

2. BATAILLON, Marcel. *La Célestine selon Fernando de Rojas*. Paris, Didier, 1961, pp. 31-4.
3. *Idem, ibidem.*
4. MENÉNDEZ Y PELAYO, Marcelino. *Estudios de crítica literaria.* Madrid, 1912, p. 89.
5. MAEZTU, Ramiro de. *Don Quijote, Don Juan y La Celestina.* Madrid, Espasa-Calpe, 1968, p. 139.
6. *Idem*, pp. 109-37.

noção do pecado nem do remorso, tentara Menéndez y Pelayo explicar essa atitude fora da intenção moralizadora, dizendo, entre outras coisas, que não sabia se esta desordem de idéias podia ser atribuída ao ceticismo religioso e moral em que desembocaram freqüentemente as conversões forçadas ou interesseiras dos judeus.

Outras interpretações se lhe seguiram, procurando explicar os amores infelizes de Calisto e Melibea, com base no problema judaico, não explícito na obra. Mas leiamos antes o "Argumento Geral" que precede a peça, na sua segunda edição, de 1501, em Sevilha:

> Calisto fue de noble linaje, de claro ingenio, de gentil disposicion, de linda criança, dotado de muchas gracias, de estado mediano. Fué preso en el amor de Melibea, muger moça, muy generosa, de alta y serenisima sangre, sublimada en prospero estado, una sola heredera a su padre Pleberio, y de sua madre Alisa, muy amada. Por solicitud del pungido Calisto, vencido el casto proposito de ella — enterveniendo Celestina, mala y astuta mujer, con dos sirvientes del vencido Calisto, engañados y por esta tornados desleales, presa su fidelidad con anzuelo de codicia y de deleyte — vinieron los amantes, y los que les ministraron, en amargo y desastrado fin (...).

Não há referências, nesse argumento nem no curso da obra, à rivalidade das famílias ou a outro possível empecilho para o desenlace feliz. Foi o que atraiu a atenção de novos críticos, provocando-lhes a curiosa pergunta: Que obstáculo impediu o matrimônio dos jovens? Quais as barreiras à sua felicidade, já que ambos eram solteiros, bem dotados e irresistivelmente atraídos, um para o outro? Realmente, e Juan Valera já se perguntara a respeito, em 1898, por que Calisto procura a intervenção da alcoviteira Celestina em vez de valer-se de alguém mais digno e honrado? Afinal, Calisto é de "nobre linhagem" e Melibea "de alto e sereníssimo sangue", como diz o "Argumento".

A resposta de que se trataria de amor trágico por predestinação não satisfez a esses estudiosos, que passaram às conjeturas. Emilio Orozco[7], Fernando Garrido Pallardó[8] e Segundo Serrano Poncela[9], procurando uma explicação mais lógica e racional, assinalaram a impossibilidade do casamento dos jovens — a idéia de legalizar o amor que os une jamais aflora na obra —, por

---

7. OROZCO, Emilio. La Celestina. Hipótesis para una interpretación. *Ínsula*, 15/3/1957.
8. PALLARDÓ, Fernando Garrido. *Los problemas de Calisto y Melibea y los conflictos de su autor*. Barcelona, Ed. Canigó-Figueras, 1957.
9. Segundo SERRANO PONCELA, *El secreto de Melibea*. Madrid, Taurus, 1959.

motivos sociais, isto é, Calisto é nobre cristão-velho e Melibea é conversa, filha de ricos cristãos-novos. É bem verdade que tais circunstâncias não estão explícitas na peça e que pesquisadores, da estatura de um Marcel Bataillon, atacaram "o espírito quimérico" que engendrou semelhante interpretação[10]. Mas, por outro lado, impossível seria negar a existência de sérios problemas entre cristãos-velhos e novos, na Espanha da época, dos quais os trágicos amores de Calisto e Melibea — fato verídico? — são um exemplo. Ao serem expulsos os judeus, em 1492, cerca de 250.000 dos 300.000 que lá viviam converteram-se ao cristianismo e permaneceram no país. O batismo e a adoção de novos nomes resolveram porém apenas parte do problema, pois os cristãos-velhos, nobres ou não, e os judeus desprezavam os que se haviam convertido, designando-os por "marranos", isto é, "porcos". Não houve, pois, extinção do problema; antes, agravou-se, havendo perseguições e atrocidades. Mas, mesmo anteriormente, reinava a intranqüilidade: 1391, 1449, 1467, 1470, 1473 assistiram a sangrentos *pogroms*, sendo que, neste último ano, a matança teve como origem a rebelião contra os arrecadadores de Sevilha, que eram judeus. E, quando lhes foi obrigada a conversão, esta não os beneficiou, uma vez que, se antes eram possíveis casamentos mistos, mesmo entre nobres, passa então a dominar a idéia de "limpeza de sangue", preocupação que será genialmente satirizada, mais tarde, no entremez cervantino: *El Retablo de las Maravillas.*

Diferente é a posição dos críticos, diante do problema judaico da obra. Influenciado pelas teorias de Américo Castro e crendo no "racismo judeu" e em seu sentimento de superioridade, o crítico Segundo Serrano Poncela forjou a seguinte hipótese: se o apaixonado Calisto, cristão-velho, não pensa sequer em casamento, isto se deve ao fato de que Melibea pertence a uma família de cristãos-novos e estes jamais permitiriam tal aliança. Contrária é a explicação de Garrido Pallardó: a não-concordância com o casamento viria não da família da jovem, mas da parte dos pais de Calisto, cristãos-velhos que se julgavam superiores aos conversos. Num e noutro caso, estaria Calisto impossibilitado de tentar obter a mão de Melibea e só poderia recorrer aos préstimos da velha Celestina como intermediária nos amores ilícitos. Assim sendo, na obra, se bem que de maneira não explícita, assistimos à ilustração de um problema judaico.

Mas — dizem os opositores a essas teses — o "Argumento Geral" apresenta Calisto como de "nobre linhagem" e Melibea

---

10. BATAILLON, Marcel. *Op. cit.,* p. 174.

também o é, visto que tem "alto e sereníssimo sangue". Os dados relativos à nobreza de Melibea parecem, no entanto, terem sido postos justamente para dissimular o problema judaico; e uma das falas de Calisto, no Ato XII, ao confessar seu amor por Melibea, contém uma alusão muito fora de propósito à nobre origem da amada. Diz-lhe ele:

> "Pero como soy cierto de tu limpieza de sangre".

Ora, afirma Garrido Pallardó, tal alusão era não apenas indelicada, mas sobretudo extremamente ofensiva, quando dirigida a pessoas de elevada categoria social; além disso, era o apaixonado Calisto que falava à amada. Tal alusão, junto com a apresentação de Melibea, no "Argumento Geral" (ausente na primeira edição de 1499, em Burgos), bem revelariam a situação inferior da jovem, uma judia conversa.

Ao começar a obra, encontramos Calisto no "huerto" da casa da jovem onde entrou perseguindo um falcão, sem que tenha pedido autorização e sem que sinta o menor temor da reação dos seus donos. Tal atitude bem indicaria sua superioridade social, uma vez que, como lembra o mesmo crítico, os cavalheiros, por um privilégio feudal, desfrutavam o direito de, quando perseguiam suas caças, invadir as terras dos plebeus. E, ainda nesse primeiro encontro, antes mesmo que ele fale, Melibea que apenas o vira passar diante de sua casa, já prevê que não solicitará sua mão e que seu amor é "ilícito". Exclama ela:

> ¡Vete! ¡Vete de ay, torpe! Que no puede mi paciencia tolerar que aya subido en coraçon humano comigo el ilícito amor comunicar deleyte.

Assim sendo, a oposição ao casamento — a legitimidade — proviria da parte dos cristãos velhos, pois o pai de Melibea, o velho Pleberio, ao vê-la triste, exprime, com suas palavras, não apenas o desespero, mas também a disposição de compreendê-la e ajudá-la, aplainando as arestas:

> ¿Que es esto, fija mía? ¿Que dolor y sentimiento es el tuyo? ¿Que novedad es esta?
> ¿Qué poco esfuerzo es este? Mirame que soy tu padre. Habla comigo, orientame la causa de tu arrebatada pena. ¿Que has? ¿Que sientes? ¿Que quieres? Hablame, por Dios, dime la razon de tu dolor porque presto sea remediado. No quieras enviarme con triste prostrimetria al sepulcro. Ya sabes que no tengo otro bien sino a ti.

Que Pleberio não é cristão-velho parece evidente; basta analisarmos suas palavras, ao lamentar o suicídio da filha. Recordando as atividades que desempenhou, os bens que acumulou, mas que agora, com a morte da única filha, são inúteis, se interroga:

> ¿Para quien edifique torres? ¿Para quien adquiri honrras? ¿Para quién plante árboles? ¿Para quien fabrique navios?

Bem notou Garrido Pallardó — e o próprio Marcel Bataillon não refuta a consistência do argumento — que um nobre cristão-velho, por sua posição social, jamais teria se dedicado a negócios, pois estaria ajudando os reis na luta em Granada. Assim, em lugar "edifiquei torres", como bom cristão-velho teria dito "conquistei torres"; em lugar de "plantei árvores", teria dito "usurpei árvores"; e, em lugar de "fabriquei navios", "capturei navios". Dedica-se, porém, a negócios; e toda importante atividade econômica, na Espanha, era monopolizada pelos conversos.

E também Melibea e a mãe, como judias conversas, se dedicam a tecer e a fiar, em vez de se entregarem a leituras de aventuras cavalheirescas ou à audição de jograis. Ainda que a rainha Isabel, a Católica, cultivasse idênticas atividades, eram elas mais próprias para as judias conversas espanholas que, com a aprovação da Igreja, conservaram numerosos costumes talmúdicos.

Não sendo, pois, Melibea uma nobre cristã-velha, está claro que Calisto poderia recorrer a um tipo como a Celestina. Esta conhecia a família da jovem, há longa data, a ponto de Alisa, a mãe, tratar a alcoviteira como "vecina honrada", "mujer honrada" (Ato IV) e deixá-la a sós com a filha, pretextando uma visita à irmã. Sabido é o prestígio da casamenteira entre os judeus, e talvez a mãe esperasse os bons trabalhos da velha, no sentido de arranjar-lhe um genro. Mais adiante, proíbe a filha de, no futuro, recebê-la sozinha, alertando-a contra os perigos que podem advir-lhe:

> Sabe esta con sus trayciones mudar los propositos castos. Daña la fama. A tres veces que entra en una casa engendra sospechas.
> Por amor mio, fija mía, que si aca tornare sin verla yo, que no ayas por bien su venida ni la recibas con placer (Ato X).

Conhecendo a Celestina, por que Alisa a recebe? Seria por medo de uma possível denúncia ao Santo Ofício, em virtude de continuar a família, secretamente, na prática dos ritos judaicos, apesar da conversão?

Revelador ainda da origem de Melibea, da qual resultou o trágico desenlace, é o local em que se encontra a casa da jovem e onde morre Calisto, ao descer com precipitação a escada e assim transpor o alto muro da residência. Ora, os altos muros eram típicos das casas judias; e quando Calisto cai e falece, o criado preocupa-se em retirar o corpo, imediatamente, para evitar ao amo a desonra de aí ser encontrado. Diz ele ao companheiro:

> Llevemos el cuerpo de nuestro querido amo adonde no padezca su honrra detrimento aun que sea muerto en este lugar (Ato XIX).

Para um cristão-velho, ainda que morto, seria desonra ser encontrado no bairro judeu e tal mácula desabaria sobre toda a família. No entanto, não aparece nenhuma alusão à honra da jovem, como se, pelo fato de ser judia conversa, já fosse portadora de marca vergonhosa. Há, pois, visível desigualdade de tratamento, e que não pode ser casual, afirma o mesmo crítico.

Convém lembrarmos ainda que, por aqueles tempos, na Espanha — e disso a literatura nos dará freqüentes exemplos —, a honra dos altivos senhores devia ser defendida a todo custo, sendo então estranho que o pai de Melibea, em lugar de proferir palavras violentas e vingativas em relação a Calisto, ou melhor, aos seus familiares, e de aceitar o suicídio da filha como forma de merecida autopunição, entrega-se, sob o peso do sofrimento, a patéticos lamentos, a pungentes suspiros. Não é um fidalgo, um orgulhoso cristão-velho que assim se lamenta...

Se aceitarmos essa tese do judaísmo da obra, que é abundantemente desenvolvida pelo referido crítico, o relato do trágico amor de Calisto e Melibea adquire uma dimensão muito maior. Não se trata apenas da infelicidade do par amoroso, mas de todo um povo, pintada por alguém que, sendo judeu converso, não ignorava a situação, pois a vivia.

10. UM DRAMA RURAL DE LOPE DE VEGA

Lope Félix de Vega Carpio, este "monstruo de naturaleza" — foi assim que Cervantes o denominou para exprimir a sua fértil imaginação e a sua prodigiosa força criadora —, legou-nos uma obra imensa, de cunho eminentemente popular e que lhe garantiu um posto especial no coração dos espanhóis. Ídolo de toda uma nação, seu nome foi usado como sinônimo de "excelente"; venerado por seus contemporâneos, inspirou um "Credo": "Creo en Lope, poeta del cielo y de la tierra..." E, se não deixou uma obra dramática de absoluto valor universal, tem o mérito de haver transformado em matéria poética a essência da tradição nacional; e é, como se sabe, o criador do Teatro Nacional Espanhol.

Entre as inúmeras peças que compôs — cerca de 1.800 comédias e 400 autos, embora muitas extraviadas — são dignas de nota as que podem ser consideradas "dramas rurais", pois têm como cenário a natureza, ilustrando a vida nos campos e povoados espanhóis: *Peribáñez y el Comendador de Ocaña, Fuenteovejuna, El mejor Alcalde el Rey* e *El Alcalde de Zalamea*[1].

Ocupemo-nos da primeira que, já no título, indica os dois antagonistas: Peribáñez, um rico lavrador, e o Comendador apaixonado, que tenta conquistar Cassilda, a mulher do primeiro. O lavrador defende sua honra, matando o nobre; conhecedor do caso, o rei, modelo de justiça, dá razão ao assassino. Tal é, *grosso modo*, a peça que se desenrola num ambiente castelhano, popular, rural, com suas paisagens e costumes, cantando os "Peribáñez", os lavradores que querem viver sua vida simples e feliz, ao lado da mulher, no lar, e cultivar a terra, recolhendo-lhe os frutos. É, como os outros dramas rurais de Lope, um quadro da vida camponesa espanhola, um drama contemporâneo do autor, ainda que situado no passado. Ouvimos os camponeses dialogando nas praças públicas sobre a colheita e o tempo; assistimos a um casamento de lavradores, bem como aos trabalhos da ceifa, acompanhados de singelos cantos tradicionais; contemplamos suas festas populares; conhecemos, enfim, um ambiente popular.

Descendente de humildes lavradores montanheses, conferiu-lhes Lope de Vega, graças a essas peças em que se movem suas personagens, maior dignidade. Preito às suas origens? Ou "exaltação do rural como quinta-essência do anti-semitismo", segundo as palavras de Ricardo Navas Ruiz, que segue as pegadas do historiador Américo Castro?[2] Foi este autor que revelou a obsessão dos espanhóis da época por serem cristãos velhos, considerando que ser lavrador, então, era uma garantia de sangue isento de contaminação judaica, uma vez que os judeus não se fixavam na terra nem se dedicavam ao seu cultivo; e essa atitude social é responsável pela corrente ruralista que surge na literatura. Ora, o ruralismo da época, corroborado por tantos outros autores, poderia ainda ser atribuído a uma razão de natureza econômica, se aceitarmos a explicação de Ricardo Navas Ruiz que pensa que "o despovoamento do campo provocado pelas misérrimas condições de vida do agricultor" teria levado Lope, conhecedor da situação, a cantar a vida do campo, pois com isso agradava aos espectadores ex-camponeses, nostálgicos diante da mudança do tipo de vida, como também assinalava aos espectadores nobres os seus deveres em relação aos habitantes do campo, isto é, o rei deveria primar pela justiça e os nobres, pelo respeito

---

1. VEGA, Lope de. *Obras escogidas*. Madrid, Aguilar, 1967. 3 tomos.
2. VEGA, Lope de. *Peribáñez y el Comendador de Ocaña*. Edición, Prólogo y Notas de Ricardo Navas Ruiz. São Paulo, Ed. Mestre Jou, 1964, p. 13. (Mantemos em espanhol as citações da obra de Lope).

aos subordinados, muito embora o dramaturgo situe a ação da maioria de suas peças rurais no passado[3].

Para a peça *Peribáñez y el Comendador de Ocaña*, tomou possivelmente Lope de Vega, como ponto de partida, um cantar ou um fragmento de um "romance" tradicional — é o que nos diz o erudito Menéndez y Pelayo —, trecho que está intercalado numa das mais belas cenas da obra (Ato II, cena 12), quando a fiel Cassilda repele as propostas do apaixonado Comendador:

> Más quiero yo a Peribáñez
> con su capa la pardilla
> que al Comendador de Ocaña
> con la suya guarnecida.

Soube Lope desenvolver essa composição tradicional, que era, pois, do domínio do público, obtendo efeitos extraordinários; soube, ainda, criar outras composições para cantar, de gosto eminentemente popular, e que foram por isso aplaudidíssimas: os cantos de bodas de Peribáñez e Cassilda, no Ato I, cena 1, que contêm elementos cultos ao lado dos populares; e a graciosa cançãozinha dos músicos, no Ato III, cena 12. E com isto, já tinha Lope em mãos os elementos para garantir o êxito de sua peça.

Diz a crítica que Lope se interessa mais pela elaboração da intriga e pela movimentação de situações que pela pintura dos caracteres dos protagonistas, fato que se explica pelo temperamento do autor, pela improvisação e rapidez com que compunha suas peças, bem como pelas características de seu público, ávido de dinamismo, ou, como diz o dramaturgo, na *Arte nuevo de hacer comedias*:

> la cólera
> de un español sentado no se modera
> si no le representan en dos horas
> hasta el Juicio final desde la Génesis[4].

É preciso notar, no entanto, que houve exagero da crítica nessas generalizações, e tanto Peribáñez como Cassilda e o Comendador surgem com relevo especial, e bem caracterizados nos seus respectivos papéis: o marido consciente de seu dever e direito de defender a honra, e no qual assistimos ao nascimento de ciúmes e dúvidas, hesitações e dilaceramentos, até a firme deci-

---

3. VEGA, Lope de. *Op. cit.*, pp. 14 e ss.
4. *Arte nuevo de hacer comedias*. In: *Obras Escogidas*, Tomo II, pp. 875-80.

são de vingança; a jovem recém-casada que, amante fiel ao lavrador, não se sente atraída e ofuscada pela corte do fidalgo; o apaixonado sincero que, se é capaz de cortejar a bonita lavradora, a honesta recém-casada, sabe por sua vez, antes de expirar, perdoar ao assassino, visto que, na condição de cavalheiro, reconhece a própria culpa. Estão, pois, as personagens bem caracterizadas nessa peça, ainda que Lope não tenha expressado preocupações neste sentido, em *Arte nuevo de hacer comedias*. Suas preocupações, entre outras, se dirigem para as formas de linguagem adequadas à classe social das personagens, dizendo:

> Si hablare el rey, imite cuanto pueda
> la gravedad real; si el viejo hablare,
> procure una modestia sentenciosa;
> describa los amantes con afectos
> que mueva con extremo a quien escucha...
> ....
> Las damas no desdigan de su nombre...
> El lacayo no trate cosas altas... [5]

Notamos, porém, que nada menciona em relação à fala dos lavradores; e isto chama a atenção justamente pelo fato de *Peribáñez* focalizar um ambiente aldeão em que predominam, como não poderia deixar de ser, as personagens do campo: Peribáñez e os seus, além do Comendador.

Dois mundos, duas ópticas; portanto, duas formas distintas de expressão. Vejamos o mundo do lavrador, expresso através da declaração de amor do jovem par; cada um elogia o outro, mediante o emprego de imagens singelas, familiares ao seu meio, numa lídima poesia da vida quotidiana campestre, com seu cenário, seus trabalhos, seus prazeres e diversões, distante portanto da linguagem convencional, da poesia galante da época. Peribáñez vê a amada em meio aos frutos da terra e ao trabalho; Cassilda o vê nas distrações e nos gostos da vida campestre, com uma ingenuidade realmente deliciosa.

Ela é tão formosa, o perfume de sua boca tão delicioso, sua pessoa tão desejável, que ele lhe diz:

> El olivar más cargado
> de aceitunas me parece
> menos hermoso, y el prado
> que por el mayo florece,
> sólo del alba pisado.
> ....

---

5. *Arte nuevo de hacer comedias*, pp. 875-80.

> Ni el vino blanco imagino
> de cuarenta años tan fino
> como tu boca olorosa:
> que como al señor la rosa
> le huele al villano el vino.

Oliveira carregada, prado florido na primavera, a maçã, o dourado azeite, o vinho branco antigo, o mosto do outono, as chuvas da primavera, o trigo do verão, tudo o que constitui o seu interesse, a sua vida de trabalho prazeroso lhe serve para termo de comparação com Cassilda. Se usa o vocabulário "rosa" é para exprimir que para ele, lavrador, o vinho é tão perfumado quanto a rosa o é para os fidalgos. Por seu lado, Cassilda também compara Peribáñez a tudo o que lhe é mais caro. Causa-lhe o noivo maior prazer do que a música dos bailes com que se delicia, do que os gritos dos dançarinos, do que as flores perfumadas que colhe nas manhãs de S. João, e maior prazer ainda do que um tamborim bem afinado ou um estandarte de procissão. E a enumeração de seus prazeres ou gostos, aos quais Peribáñez é ainda superior, continua singelamente: sapatos novos, torta de Páscoa, touro bravo, blusa nova, círio pascal, maçapão. Ouçamo-la, em parte:

> Jamás en el baile oí
> son que me bullese el pie,
> que tal placer me causase
> cuando el tamboril sonase,
> por más que el tamborilero
> chillase con el garguero
> y con el palo tocase.
> . . . .

Mas, é dia de núpcias e o sacerdote os interrompe, pois o baile deve começar. É então executada a "Canção de Bodas", que celebra os amores do jovem par, amores que como assinala Edward M. Wilson, "estão em harmonia com a ordem natural das coisas", isto é, "pedem os lavradores à natureza que ela siga seu curso para que a vida dos recém-casados seja feliz"[6]: Que os ventos alísios soprem; que as amendoeiras ofereçam seus frutos; que os lírios surjam; que o gado paste nos montes; que os regatos desçam das montanhas por entre os bosques até os vales; que os rouxinóis cantem; que as aves construam seus amorosos ninhos; que os prados felicitem o casal e que Deus o bendiga.

6. WILSON, Edward M. "Imágenes y Estructura en *Peribáñez*". In: *El Teatro de Lope de Vega*. Buenos Aires, Ed. Universitaria de Buenos Aires, 1962, pp. 50-90.

É todo um canto da natureza em honra de Peribáñez e Cassilda, entoado pelos jovens lavradores que lhes desejam felicidade:

> Dente parabienes
> el mayo garrido,
> los alegres campos,
> las fuentes y ríos.
> Alcen las cabezas
> los verdes alisos,
> y con frutos nuevos
> almendros floridos.
> Echen las mañanas
> después del rocío,
> en espadas verdes
> guarnición de lirios.
> Suban los ganados,
> por el monte mismo
> que cubrió la nieve,
> a pacer tomillos.
> Y a los nuevos esposados
> eche Dios su bendición;
> parabién les den los prados,
> pues hoy para en uno son.
> . . . .

A alegria reinante da festa de casamento é interrompida pelo episódio do touro, com a conseqüente vinda do Comendador, ferido, carregado por dois lacaios. As palavras do nobre, ao voltar a si e ao ver Cassilda que se encontra ao seu lado, pois todos saíram, contrastam com as palavras até então ouvidas; é a linguagem convencional do apaixonado da época, preciosa, com suas alusões ao céu e aos anjos; ao contrário de Peribáñez, vê em Cassilda um ser celestial, muito embora suas intenções, como se verá mais tarde, nada tenham de elevação.

É assim que diz à lavradora:

> Estuve muerto en el suelo
> y como ya lo creí,
> cuando los ojos abrí
> pensé que estaba en el cielo.
> Desengañadme, por Dios;
> que es justo pensar que sea
> cielo donde un hombre vea
> que hay ángeles como vos

palavras que ela compreende ou finge compreender literalmente.

Refinado, elegante, dirige o Comendador a Cassilda galanteios diferentes dos de Peribáñez; a jovem lhe parece "diamante", além de "anjo", "ser celestial". Tal a vê o Comendador, homem da corte e, portanto, afastado do mundo rural em que se inspira Peribáñez para falar do seu amor por Cassilda; e, mais adiante,

sua expressão, longe da naturalidade, se expande em galanteios
bem de acordo com os gostos da época. Só, pensa na jovem
cuja beleza o impressionou:

> . . . .
> parece que cojiste
> en los campos lozanos,
> que el mayo adorna y viste,
> cuantas flores agora
> Céfiro engendra en el regazo a Flora.

E seguem suas palavras, no mesmo estilo, até que, num
determinado momento, como que contaminado pelo ambiente
rural e pela pessoa amada — uma simples lavradora e não uma
dama da corte —, usa uma linguagem mais própria de Peribáñez,
quando diz:

> ¡Venturoso el villano
> que tal agosto ha hecho
> del trigo de tu pecho
> con atrevida mano,
> y que con blanca barba
> verá en sus eras de tus hijos parva!

Mas, retorna imediatamente ao tom que lhe é próprio, referindo-
-se ao carro de ouro do sol na sua marcha através dos céus, às
estrelas da Ursa Maior. Se, ao falar de Cassilda, o rústico Peribáñez lança mão — como vimos — de símbolos terrestres, já o
elegante e refinado Comendador o faz mediante símbolos celestes
que mascaram seus sentimentos. Ao ser nomeado capitão das tro-
pas pelo Comendador que assim espera afastá-lo de casa e criar
condições que lhe favoreçam a conquista de Cassilda, também
Peribáñez muda de tom. Ascendeu de lavrador a capitão e esta
mudança na hierarquia social se revela na sua forma de expressão.
No solilóquio que pronuncia sobre a honra, emprega certas suti-
lezas que não coadunariam com um simples agricultor, como
que significando sua ascensão; não esquece, porém, como bom
aldeão, de falar à sua égua:

> ¡Oh, bien haya la cebada
> que tantas veces te di!
> Nunca de ti me serví
> en ocasión más honrada.

Este lavrador-capitão, que desconfia dos motivos que leva-
ram à sua inesperada nomeação, resolve retornar ao lar, abandonando os soldados. E, ao entrar em casa para defender sua
honra, é novamente o lavrador que se manifesta com termos de
acordo com o seu meio, da mesma forma em que de início

exprimia seu amor por Cassilda, se bem que, agora, levado pela
ira, seu tom seja mesmo vulgar, pelas alusões grosseiras que
contém seu monólogo:

> En el gallinero quise
> estar oculto; mas hallo
> que puede ser que algún gallo
> mi cuidado les avise.
> Con la luz de las esquinas
> le quise ver y advertir
> y vile en medio dormir
> de veinte o treinta gallinas.
> Que duermas, dije, me espantas,
> en tan dudosa fortuna;
> no puedo yo guardar una
> ¡y quieres tú guardar tantas!
> No duermo yo; que sospecho,
> y me da mortal congoja
> un gallo de cresta roja
> porque la tiene en el pecho.

É esse Peribáñez que, tendo assassinado o Comendador, se
apresenta com a esposa ao rei, a fim de que ela receba o prêmio
que está sendo oferecido por sua cabeça. E tal é sua fidalguia
que o rei não pode deixar de admirar-lhe a coragem e de perdoá-
-lo, em nome da justiça, ao mesmo tempo que lhe concede bens
e privilégios. Necessário ainda se faz acrescentar que o sentimento
de honra era apenas prerrogativa dos nobres; e, aqui, como em
outras peças, de maneira inovadora, Lope o atribui também ao
protagonista plebeu, enobrecendo-o. É a idealização, pois, do
lavrador como também do rei que, magnânimo e justiceiro, após
estranhar o fato, aceita essa marca de grandeza em homem "tan
humilde", elogiando-o e premiando-o. Ouçamos as palavras reais:

> ¡Cosa extraña!
> ¡Que un labrador tan humilde
> estime tanto su fama!
> ¡Vive Dios que no es razón
> matarle! Yo le hago gracia
> de la vida... Mas ¿qué digo?
> Esto justicia se llama.

Cantor do povo espanhol para o povo espanhol; esté é
Lope de Vega, sobretudo nos dramas rurais, dos quais *Peribáñez*
é talvez o mais curioso, não só pelos problemas que envolve e a
solução encontrada, mas também pela atmosfera rústico-idealiza-
da que nele se respira.

11. SEGISMUNDO, UMA PERSONAGEM CALDERONIANA

Pedro Calderón de La Barca que, tanto quanto Lope de Vega — o criador do Teatro Nacional Espanhol —, teve seus seguidores na época áurea da dramaturgia hispânica, também representa um importante papel no século XIX, com a explosão romântica, seja na própria Espanha, onde encontra imitadores do porte de um Duque de Rivas (com *Don Alvaro o la Fuerza del Sino* ou com *El Desengaño en un Sueño*), seja no exterior, inspirando um significativo número de autores. E, em pleno século XX, muitas de suas obras — e, mais particularmente, a obra-prima *La Vida es Sueño*[1] — são aplaudidas pelos seus valores universais, que extrapolam os limites acanhados do tempo e do espaço.

A Vida é Sonho (1635) é a peça filosófica por excelência, cuja tese, exposta no título — a idéia do escasso valor dos bens

---

* ("Suplemento Cultural" de *O Estado de S. Paulo*, 18/03/1979, p. 7-8).
1. *La Vida es Sueño*. Zaragoza, Ebro, 1949. Edición, estudio y notas por Rafael Gastón. (Mantemos em espanhol as citações da obra calderoniana).

terrenos —, é ilustrada, ao longo da obra, através do protagonista: o príncipe Segismundo, que se erige em lídimo símbolo da instabilidade de tudo o que é humano, pois o seu criador era, antes de tudo, alentado por preocupações religiosas.

Prisioneiro numa torre solitária, desde a infância, por ordem do rei, seu pai, que assim espera eludir os maus presságios que lhe foram feitos em relação ao filho — seria desrespeitado e destronado —, Segismundo, ao aparecer em cena, arrastando pesadas cadeias, no início da peça, profere palavras desalentadoras sobre a vida a que está condenado. Diz ele, lastimosamente, comentando sua infeliz situação, num monólogo que se tornou célebre pelo desesperado clamor de liberdade:

> ¡Ay mísero de mi! Ay infelice!
> Apurar, cielos, pretendo,
> ya que me tratáis así,
> qué delito cometí
> contra vosotros naciendo;
> aunque sí nací, ya entiendo
> qué delito he cometido.
>
> Bastante causa ha tenido
> vuestra justicia y rigor,
> *pues es delito mayor*
> *del hombre es haber nacido.*   (O grifo é nosso)

Nascer, é, pois, o seu maior delito. E, instantaneamente, têm vindo à memória dos comentaristas as palavras do coro, do 3º estásimo de *Édipo em Colona*, de Sófocles, já velho, que assim estaria expressando seu desencanto diante da vida:

> Vale cem vezes mais não ter nascido;
> mas se nos foi preciso ver a luz,
> o menor mal ainda é de retornar para lá de onde viemos,
> e o mais cedo possível será melhor!

É bem verdade que entre o paganismo de um Sófocles e o cristianismo de um espanhol do século XVII há uma imensurável distância; mas o inconformismo diante do que a vida oferece ao homem é o mesmo.

Para Segismundo, a vida lhe pesa como um fardo, fardo que é obrigado a carregar desde o nascimento — seu maior delito. E esta idéia de nascimento-culpa vem acentuada pelo rei, que assim comenta o fato, atribuindo-lhe a morte da mãe:

> Nació Segismundo, dando
> de su condición indicios,
> pues dio la muerte a su madre.

(Ato I, cena 6)

Esta idéia, aliás, muito romântica, será retomada por vários autores, entre os quais Schiller, que faz que seu protagonista, o príncipe Carlos, em *D. Carlos* (1787), se manifeste nos seguintes termos: "Meu primeiro ato, ao abrir os olhos à luz, foi causar a morte à que me havia dado o ser" (Ato I, cena 1), fato que o marca, como que com um estigma, do qual não poderá libertar-se.

Nascer é um delito, e o maior; viver é a punição por haver nascido — visão profundamente pessimista do nascimento e da existência, que não poderia escapar aos autores modernos não alentados por uma esperança, aqui ou no além. Ilustrada por tantos e tão importantes escritores esta idéia teria, no entanto, como maior adepto talvez o grande trágico do século XX — Samuel Beckett. Oportuno parece-nos recordar que, num de seus primeiros ensaios — *Proust* —, antes portanto de haver criado a tragédia farsesca ou a farsa trágica do homem, este herói que expia o pecado, imperdoável, de haver nascido, após ter Beckett tecido considerações sobre a "figura trágica":

> A figura trágica representa a expiação do pecado original, de seu pecado original e eterno, dele e de todos os seus "socii malorum", o pecado de haver nascido,

transcreve os desalentados e angustiados versos calderonianos:

> Pues el delito mayor
> del hombre es haber nacido[2].

A distância que separa Calderón de La Barca de Sófocles separa-o também do niilista Beckett. E é assim que o herói espanhol, depois de manifestar-se de maneira tão pessimista, passa, no mesmo monólogo citado, a protestar vigorosamente contra sua injusta situação de prisioneiro; e, atrás do protesto, há toda uma esperança: a de uma vida mais feliz, igual à dos seres livres que evoca (peixe, ave, regato, fera). Seu pessimismo não é total, e nem poderia sê-lo, uma vez que reflete — como já vimos dizendo — o espírito religioso do seu criador, ex-aluno dos jesuítas no Colégio Imperial de Madrid e futuro capelão real (1653), após haver recebido as ordens sacerdotais (1651).

Segismundo não é nenhum Hamlet — com que vem sendo freqüentemente, mas não com justeza, comparado — pois o herói shakespeariano é vítima da dúvida quanto ao que o espera no

---

2. BECKETT, Samuel. *Proust and 3 dialogues with Georges Duthuit*. London, John Calder, 1965, p. 67.

além, como bem o notou Rafael Gastón, nas palavras introdutórias da edição de *La Vida es Sueño* por nós utilizada. Diz Hamlet:

> Morrer-dormir:
> Nada mais; e dizer que pelo sono
> Findam as dores, como os mil abalos
> Inerentes à carne – é a conclusão
> Que devemos buscar. Morrer-dormir.
> Dormir! Talvez sonhar – eis o problema,
> Pois os sonhos que vierem nesse sono
> De morte, uma vez livres deste invólucro
> Mortal, fazem cismar. Esse é o motivo
> Que prolonga a desdita dessa vida.
>
> (Ato II, cena 1)[3].

Já o herói calderoniano encontra, na fé em um além compensador, o consolo para sua infelicidade, para as dúvidas que o atormentam, exclamando:

> Acudamos a lo eterno,
> que es la fama vividora
> donde ni duermen las dichas
> ni las grandezas reposan.
>
> (Ato III, cena 10).

Se o complexo edipiano aproxima Segismundo, Hamlet e até mesmo o protagonista de Schiller, as diferenças entre eles são, no entanto, notáveis, sendo suficiente observarmos como o fêz o crítico há pouco mencionado, que Segismundo se caracteriza por "um raciocínio frio, cálculo inequívoco", distanciando-se dos outros, em quem predomina a paixão. O ardor cego ou a paixão desenfreada não lhe impedem a reflexão; e é assim que enfrenta o pai, responsável por sua vinda ao mundo, mas também por sua prisão, que lhe é sinônimo de morte, pronunciando palavras em que se eleva a lógica, irrefutável:

> Si no me lo hubieras dado
> no me quejara de ti;
> pero una vez dado, sí,
> por habérmele quitado;
> pues aunque el dar acción es
> más noble y más singular,
> es mayor bajeza el dar,
> para quitarlo después.
>
> (Ato II, cena 6).

---

3. *Hamlet*. Tradução de Anna Amélia de Queiroz Carneiro de Mendonça. Rio de Janeiro, Agir, 1968.

Se os outros nasceram nobres, cônscios de sua elevada origem (com suas peculiaridades), já Segismundo cresce na ignorância de sua situação de príncipe-herdeiro do trono, fato que explica talvez melhor sua força na luta contra os obstáculos, sobretudo os que provêm do seu próprio "eu". Criado como uma fera enjaulada, sem o conforto e o luxo a que faria jus pela condição de filho do rei, fortalece sua atitude diante das dificuldades.

Entre o Segismundo, indomável, do Ato I, que, em face dos exemplos que se lhe deparam — o peixe, a ave, o regato, a fera, todos livres —, aspira à liberdade e clama contra sua injusta prisão, e o Segismundo do último Ato, que procura e consegue vencer suas tendências de vingança em relação ao pai que o criou como um animal, por medo aos augúrios, não há grande diferença, se pensarmos em termos de indomabilidade. Ele era e continua o mesmo: indomável. Como o salientou Rafael Gastón: "Se antes era indomável, aparece depois como domador de si mesmo, de tal modo que sua posterior mansidão não é senão conseqüência da própria anterior indomabilidade".

Procurando, de início, sobrepor-se à não justa situação, consegue, no final, a vitória sobre si mesmo, sobrepondo-se à sede de vingança. Sua maior vitória, conseqüência da força que o anima, é o "vencer a si mesmo", e isto o faz proclamar ao pai, agora em posição inferior, visto que perdeu o poder:

> la fortuna no se vence
> con injusticia y venganza
> porque antes se incita más;
> y así, quien vencer aguarda
> a su fortuna, ha de ser
> con cordura y con templanza.
> Pues que ya vencer aguarda
> mi valor grandes victorias,
> hoy ha de ser la más alta
> *vencerme a mí*.   (O grifo é nosso.)

Dizíamos, há pouco, que o complexo de Édipo aproxima o protagonista calderoniano dos outros evocados. Mas deixamos de dizer que Segismundo pode ser considerado um Édipo *sui generis*.

Análogas são algumas das circunstâncias que os rodeiam: abandono dos pais que crêem nos oráculos e o triunfo da fatalidade. Mas, como já vimos exprimindo, entre Sófocles e o cristão Calderón de La Barca há toda uma visão do mundo a separá-los: se, para o primeiro, insano é pretender eludir o ineludível — Édipo jamais poderia pensar em evitar o assassínio do pai e o casamento com a mãe —, já para o segundo, embora os fados se cumpram — o pai é deposto pelo filho —, isto se dá como conseqüência da conduta do rei que, desejando fugir do perigo anunciado pelos astros, paradoxalmente age, de maneira a atraí-lo.

O próprio Segismundo pondera sobre a responsabilidade paterna quanto ao que lhe adveio, dizendo:

> Mi padre, que está presente,
> por excusarse a la saña
> de mi condición, me hizo
> un bruto, una fiera humana;
> de suerte que cuando yo,
> por mi nobleza gallarda,
> por mi sangre generosa,
> por mi condición bizarra,
> hubiera nacido dócil
> y humilde, sólo bastara
> tal género de vivir,
> tal linaje de crianza,
> a hacer fieras mis costumbres

(Ato III, cena 14).

Édipo, Hamlet, Segismundo, heróis tão semelhantes sob certos aspectos, mas também tão dessemelhantes quanto às aspirações, à maneira de realizá-las e aos resultados obtidos, como dessemelhantes foram seus criadores e as condições que envolveram sua criação.

12. RACINE E A GRÉCIA

Admirador da cultura grega, desde que com ela se alimentou durante os tempos de estudante, lendo e comentando os clássicos helêncios, gravando em sua mente as belezas lá encontradas, assimilando-as ao seu *eu* e tornando-as suas, é Racine o poeta da Grécia. Se, rivalizando com Corneille, na sua carreira teatral inspirou-se também em Roma, é indiscutível que suas inclinações pendiam para a Grécia, sendo suficiente recordarmos os títulos das suas peças: *Thébaïde* (1664), *Andromaque* (1667), *Iphigénie* (1674) e, sobretudo, a obra-prima das suas obras-primas, *Phèdre* (1677)[1]. E mesmo *Esther* e *Athalie*, composta após dez anos de afastamento das lides teatrais, embora de inspiração bíblica, não deixam de apresentar, sob certos aspectos, vínculos com a dramaturgia grega.

1. RACINE, Jean. *Oeuvres Complètes*. Tome I, Bibliothèque de La Pléiade. Paris, Gallimard, 1950. (A peça foi representada em janeiro de 1677).

Restringindo nossas apreciações sobre "Racine e a Grécia" à peça *Phèdre*, vejamos como ele, sem nunca lá haver estado, conseguiu mediante seu conhecimento livresco, e portanto, indireto, transmitir a imagem daquelas paragens onde se passa a ação, e envolver espectadores e leitores numa atmosfera adequada, dando-lhes a impressão da cor local, se bem que em termos vagos, distantes da precisão fotográfica.

A leitura de Homero, Sófocles, Eurípides (seu grande modelo, seja diretamente, seja através de Sêneca, o poeta e filósofo latino), Plutarco, e de tantos mais, propiciou-lhe a captação da Grécia, com suas luzes e cores, com sua atmosfera, enfim com sua alma. Tudo o que havia lido antes de compor para o teatro, o que leria e releria ainda, tudo contribuiu para que aumentasse sua capacidade de levar ao público, através das falas das personagens, o clima grego e o ambiente em que se desenrola a ação. E, para isso, sua memória, notável, muito o ajudou, pois no momento da elaboração da peça surgiam-lhe as lembranças, de maneira espontânea. No caso dessa peça grega, há um verdadeiro amálgama de reminiscências: helênicas, mas também latinas; antigas, mas também modernas, bem revelando que o autor não se engajou numa única fonte — preocupação das pesquisas dos eruditos buscadores de fontes —, e que procedeu como a abelha: retirou o néctar das mais variadas flores[2].

A evocação da Grécia é feita — como dissemos — através das falas das personagens. São estas que, com suas alusões a lugares, a seres, a façanhas, à mitologia, a costumes, criam o "décor" — "décor verbal" —, transportando espectadores e leitores, ou melhor, sua imaginação para os lendários tempos em que a ação se realizou. Se impossível era a mudança de cenários, pois as regras do Classicismo lhe eram contrárias, nada impedia o livre vôo da imaginação, deslocando-a de uma paragem a outra, numa evocação poética de lugares necessários à criação do mundo grego. É o "décor verbal" substituindo ou compensando a precariedade do "décor visual" que, mesmo que não fosse neutro, por mais que se valesse da riqueza de adornos, não bastaria ele sozinho para transmitir a imagem, a atmosfera de uma região distante no tempo e no espaço. E, para a criação deste cenário, o "poeta" Racine, com sua sensibilidade e imaginação excepcionais, se faz presente, evocando e não descrevendo, pormenorizadamente, lugares e seres, o que levou um crítico a afirmar, categoricamente, que "Racine não serviu a Grécia: serviu-se dela,

---

2. MOREAU, Pierre. *Racine — L'Homme et l'Oeuvre*. Paris, Boivin et Cie., 1943, p. 86.

sem grande delicadeza. Pediu à Grécia nome, histórias, assuntos, móveis... Em resumo, um cenário. Não ressuscitou 'a Grécia' "[3]. Concordamos, em parte, com tal asseveração: se reviver um país, uma época, é descrevê-los com riqueza de pormenores, de maneira realista, fotográfica, permitindo a sua identificação imediata e sem contestação, chegamos à conclusão que Racine foi falho; mas se reviver uma região, em determinado momento, é transmitir, de maneira imprecisa, mediante toques sugestivos e pinceladas rápidas mas freqüentes, a atmosfera geral, de forma a tornar possível a espectadores e leitores o locomover-se através do espaço e do tempo, o deixar-se levar pelas embaladoras palavras, pelas poéticas alusões, então Racine foi vitorioso na pintura que desejava executar.

O dramaturgo-poeta, adivinhando o poder mágico de certos nomes próprios, a capacidade de evocação que eles carregam consigo, lança mão de perífrases sumamente sugestivas, como quando Hipólito, no começo da peça, designa a protagonista por:

La fille de Minos et de Pasiphaé. (v. 36).

É Fedra a filha do rei *Minos*, o Juiz dos Infernos e, portanto, o símbolo da sabedoria, da eqüidade, e *Pasifaé*, aquela que, segundo a mitologia, em conseqüência de sua ligação com o touro branco, deu à luz o *Minotauro*, metade homem e metade touro, e que é por isso o símbolo da tentação, do pecado. A perífrase, com o nome das duas personagens mitológicas, profundamente musical aos ouvidos franceses, age sobre os espectadores de maneira mágica, trazendo-lhes ao espírito todo um mundo misterioso e ameaçador; Fedra não é apenas Fedra, mas a filha de um casal do qual ela herda as virtudes e também, ou sobretudo, as falhas. Ao mesmo tempo em que a expressão sugere a Fatalidade que cai sobre a família, implacavelmente, alude ao caráter paradoxal da personagem: sequiosa de perfeição (é filha de Minos) é arrastada, de maneira irremediável, à tentação e ao crime (é filha de Pasifaé), apaixonando-se pelo enteado — Hipólito, filho do marido Teseu —, num amor que considera incestuoso e que, portanto, não poderá jamais fazê-la feliz.

Desde a primeira cena, Racine introduz leitores ou espectadores, de maneira total, no passado longínquo, num mundo em que se encontram Fedra, Hipólito, Teseu, a filha dos Palantidas, e ainda Ícaro, Antíope, Hércules e tantos mais que estão presentes apenas sonoramente, isto é, através de referências que

---

3. KNIGHT, R.–C. *Racine et la Grèce*. Paris, Boivin et Cie., 1950, p. 410.

lhe emprestam um estranho atrativo. É Teramenos, preceptor de Hipólito, que menciona a este suas buscas infrutíferas a fim de encontrar Teseu desaparecido e, graças às suas palavras, passamos com ele entre "os dois mares que Corinto separa"; vislumbramos o Aqueronte, o rio dos Infernos — o Hades, onde moram os mortos — e ainda a Élida e o Tenaro, até o mar em que Ícaro se precipitou das alturas... Estamos já instalados num mundo fabuloso, que se dilatará com as menções a Épiro, Atenas, Micenas, Argos, Creta, e tantas regiões e cidades gregas, além de Trezena, onde se passa a ação, sem que tenha havido descrições, mas sim mera enumeração de lugares que, não pertencendo ao nosso *habitat*, têm, por isso mesmo, o poder especial de envolver-nos numa auréola de magia.

Mares, rios, florestas, campos helênicos são evocados, abrindo vastas perspectivas — são os *lointains*, a amplidão, a espacialidade —, sem que haja nenhuma precisão geográfica, pois "estes aprazíveis lugares", "esta margem funesta", "estas margens felizes", ou "estes campos desertos", epítetos banais empregados freqüentemente pelo autor, não são esclarecedores quanto ao espaço, à sua situação real[4]; tudo envolvem, como que com um véu diáfano, salpicado de sugestões infinitas.

Cada personagem que fala, seja Hipólito, seja Fedra ou outras, colabora paulatinamente para ampliar ou acentuar a impressão de um mundo habitado por monstros ou dominado por deuses poderosos. Assim, é Hipólito que, evocando o pai ausente, se reporta às histórias que sobre ele ouviu e que lhe traçam o perfil grandioso: façanhas, feitos heróicos que o enlaçam — e também aos leitores e espectadores — com gigantes e bandidos, daqueles tempos e daquelas paragens fabulosas; enfim, com um mundo de aventuras fascinantes envoltas numa aura de mistério. Sentimos Teseu, apesar de sua ausência; e vemos "este herói intrépido consolando aos mortais da ausência de Alcides" (isto é, Hércules), exterminando monstros e punindo bandidos, que desfilam diante de nossos olhos, ou melhor, passam pela nossa imaginação aguçada pelas palavras do narrador: Procusto, Cercion, Siron, Sinis, Minotauro... Não mais estamos no nosso mundo, mas naquele que nos é sugerido pela simples enumeração de lugares e entes de um passado remoto, perdido nos tempos.

Avançamos mais um pouco, na leitura ou no espetáculo, e Fedra, que fora sugestivamente evocada por Hipólito, mediante a perífrase à qual já nos referimos, faz a sua entrada em cena,

---

4. HATZFELD, Helmut. *Estudios sobre el Barroco*. Madrid, Ed. Gredos, 1966, p. 143.

ampliando ainda mais o mundo lendário, pois nos coloca em relação com os deuses, mostrando os vínculos que ela tem com os imortais como o Sol, cuja luz a ofusca. Parece que o sol está associado à pureza e à vida; e as trevas, à impureza e à morte, sendo que Racine — como assinala R. Elliot — foi o primeiro autor que explorou essa idéia "com toda a plenitude de seus recursos simbólicos, quando da invocação de Fedra ao Sol"[5], pois faz que ela diga:

> Nobre e radiante autor de uma triste família,
> Tu, de quem minha mãe filha mortal se cria,
> Que, talvez, rubro estás com o transe em que me vês,
> Vem contemplar-te, ó Sol, pela suprema vez!
>
> (Ato I, cena 3)[6].

E, descendente do Sol, é presa do ódio de Vênus, essa deusa que lhe perseguira a mãe e a irmã. Impotente, diante do poder aniquilador da deusa — que a faz amar o filho de Teseu —, à medida que lança suas exaltadas palavras, torna-a presente:

> De Vênus oh fatal ódio! Oh implacável ira!
> A que desvaire o amor de minha mãe reduzira!
> ....
> Ariadne, minha irmã! de que amor lacerada,
> Morrestes sobre a borda onde fostes deixada!
> ....
> De Vênus percebi o fogo inexorável,
> De um sangue que persegue angústia inevitável!
>
> (Ato I, cena 3)[6].

E assim, Sol, Vênus, Diana, Juno, Netuno, deuses e deusas detentores de um poder desigual, fazem sentir sua força, sua presença.

Enfim, referências, alusões; toques rápidos e leves, mas contínuos; enumerações e descrições vão esboçando, desenhando aquele mundo grego não visível, não palpável, mas presente — mundo que um turista despreparado jamais verá... E o resultado é o clima grego, com a Fatalidade a pairar sobre os seres, impossibilitando-lhes a evasão.

---

5. ELLIOT, R. *Mythe et Légende dans le Théâtre de Racine*. Paris, Lettres Modernes, 1969, p. 215.

6. Tradução de Jenny Klabin SEGALL. *Racine — Fedra, Ester, Atália*, São Paulo, Livr. Martins Editora S.A., 1970.

13. *BAJAZET* E O INCONSCIENTE DE RACINE*

Conhecedor e admirador da cultura helênica, Racine encontrou seu clima preferido na Grécia, desde a primeira peça – *La Thébaïde,* em que evocou a lenda de Édipo – até a última peça profana – *Phèdre*, em que reviveu a "fille de Minos et de Pasiphaé" –, passando por *Andromaque* e *Iphigénie*. Foi um mergulho no longínquo e prestigioso mundo helênico, tendo como ponto de partida Eurípides e Sêneca, entre outros. A História, tanto quanto a lenda ou a Bíblia (*Esther* e *Athalie*) o alimentaram e, inspirando-se em Tácito, Suetônio e Plutarco, sobretudo, criou Racine: *Britannicus, Bérénice* e *Mithridate*. Mas em *Bajazet*, teve uma idéia excepcional; desembaraçou-se da Antigüidade, tratando por primeira e última vez, assunto contemporâneo: a trágica aventura de um príncipe turco, no século XVII. Com esta peça, ainda que conservando as características de seu universo teatral – lídimo *huis clos*, enclausurando seres dominados pela violência

* ("Suplemento Literário" de *O Estado de São Paulo*, 26/5/1974, p. 6.

das paixões desencadeadas —, deixou de guiar-se pelos modelos da Antigüidade.

Mas por que Racine foi escolher a Turquia como cenário de sua peça? Várias seriam as razões, minuciosamente apontadas por Scherer[1]. Uma delas seria a expansão francesa no Oriente, graças à política de Colbert, durante os quinze anos que precederam *Bajazet*. Esta, como muitas peças e romances que se passavam na Pérsia e Turquia — entre 1665 e 1700, houve mais de uma narração, por ano, sobre viagens ao Oriente — testemunhariam literariamente aquela expansão. E, em dezembro de 1669, três anos antes da publicação de *Bajazet*, a visita do embaixador Soliman Multa Ferraca e a ofuscante recepção que lhe foi preparada por Luís XIV talvez tivessem chamado a atenção de Racine para a Turquia e seu mistério, cujo ambiente lhe pareceria muito adequado à explosão de paixões violentas.

Examinando o 2º Prefácio da peça, composto em 1676, quatro anos após o 1º, encontramos Racine que, depois de fornecer uma série de esclarecimentos sobre o Sultão Amurat (presente apenas nominalmente em *Bajazet*) e sua família, desculpa-se de sua "ousadia" de pôr no palco um assunto contemporâneo. Cita *Os Persas* de Ésquilo, como modelo de tragédia baseada em acontecimentos relativamente contemporâneos; mas antes confessa:

> Na verdade, eu não aconselharia um autor de tomar, para assunto de uma tragédia, uma ação tão moderna quanto esta, se ela se tivesse passado no país em que quero fazer representar a tragédia (...). Pode-se dizer que o respeito que se tem pelos heróis aumenta à medida que se distanciam de nós: *major et longinquo reverentia*. O afastamento dos países repara, de alguma forma, a excessiva proximidade dos tempos.

A distância no espaço compensa, pois, a proximidade no tempo.

Quanto ao 1º Prefácio, bastante curto, começa dizendo: "Ainda que o assunto desta tragédia não esteja ainda em nenhuma história impressa, é, no entanto, verdadeiro", afirmação muito discutível, já que *Bajazet* não só constitui um fiel retrato da realidade histórica, como também apresenta assunto já tratado por outros, embora Racine queira ou pretenda ignorá-los. Inspirar-se em autores antigos, sim; mas em autores recentes, parecia-lhe pouco recomendável. Donde imputar ao Conde de Cézy, embaixador francês em Constantinopla, a notícia dessa aventura

---

1. SCHERER, Jacques. *Racine: Bajazet*. Paris, Centre de Documentation Universitaire, s. d., pp. 17-46.

"acontecida nos serralhos não há mais de 30 anos", e ainda ao M. le Chevalier de Nantouillet, de quem diz ser "devedor desta história e mesmo do desígnio que eu tomei de fazer com ela tragédia", além de agradecer os esclarecimentos de M. de la Haye, sucessor de Cézy na Turquia. Citando autoridades, parece querer bem traduzir seus escrúpulos de historiador, preocupado com a veracidade dos fatos; pretende "nada mudar nos hábitos nem nos costumes da nação" e "nada dizer que não fosse conforme com a história dos turcos, e com a nova Relação do Império Otomano que foi traduzida do inglês" (alusão à obra *Histoire de l'Etat Présent de l'Empire Ottoman*, de Rycault, recentemente traduzida).

Bajazet se basearia, pois, conscientemente, em fato histórico, cujo ponto de partida estaria nos relatos de pessoas altamente credenciadas. Os estudiosos das fontes foram porém mais longe. Soube-se, através dos biógrafos de Racine, que, durante a juventude, lera *Les Ethiopiques ou les Amants de Théagène et Chariclée*, de Heliodoro, romancista grego do fim da época helênica. Essa leitura o fascinara de tal maneira que seus professores, os austeros jansenistas de Port-Royal, preocupados com uma possível influência perniciosa sobre o jovem, confiscaram-lhe a obra. Mas já fora ela memorizada. Ora, esse romance condenado contém elementos que se assemelham aos de *Bajazet*: O rei Oroondatès partira para a guerra (como o sultão Amurat) e enquanto isso Arsacé, sua mulher, apaixona-se por Théagène (como a favorita Roxane por Bajazet). Este, no entanto, ama Chariclée e é por ela correspondido (como Bajazet e Atalide). Arsacé, tanto quanto Roxane, se interpõe entre os jovens, exigindo que o rapaz a ame, pois o poder está em suas mãos. Diante disso, Chariclée (tal Atalide) aconselha o amado a contemporizar, aceitando os favores da outra. Como Théagène não corresponde totalmente às exigências de Arsacé, é torturado, da mesma forma que Bajazet o será, ainda que com matizes diferentes. E o retorno do Rei, prevenido do que estava se passando na sua ausência, leva Arsacé ao suicídio.

Como se vê, muitas são as aproximações entre o romance lido no passado e a peça. Mas claro está que as recordações talvez inconscientes daquela leitura se teriam unido, em curioso amálgama, a leituras mais recentes, como é o caso do romance *Floridon*, de Segrais, autor bastante conhecido nos meios literários da época. Ainda que muitos pormenores romanescos não tivessem sido aproveitados na sua peça, seria inegável a dívida de Racine para com Segrais, assim como para com Heliodoro, dívida que, como vimos, é negada no Prefácio. Foi o crítico romântico Saint-Marc Girardin o primeiro a notar o parentesco de

Racine com Segrais, cujo romance, em linhas gerais, é o seguinte: com a partida de Amurat para a guerra, a Sultana (sua mãe e não esposa ou concubina) fica à frente do governo. E, loucamente apaixonada por Bajazet, seu enteado (é, em parte, semelhante a Phèdre), conquista-o, pretendendo colocá-lo ao seu lado, no poder. Mas surge a jovem Floridon, que se torna sua rival, despertando-lhe suspeitas que são logo confirmadas pelo encontro de cartas amorosas nas roupas de Bajazet. Tal descoberta leva Floridon a desmaiar de medo. Diante da traição, a ciumenta Sultana pensa matar a rival; mas temendo a perda do amado, resolve exilar Floridon para o outro lado do Bósforo, onde Bajazet poderá vê-la regularmente. Sabedora das visitas contínuas de Bajazet, resolve matá-lo, no que é ajudada pela revolta do exército contra Amurat. Antes disso, Amurat já enviara um capitão para matar Bajazet (é o Orcan de Racine), mas não levara a bom termo a ordem, tendo sido antes assassinado. Uma segunda mensagem do feroz Sultão exige o cumprimento de suas ordens e a Sultana obedece, permitindo a execução de Bajazet.

Dessa massa romanesca, muitos elementos foram combinados com os de Heliodoro e com os de dramaturgos, cujas peças foram lidas ou vistas por Racine (*Soliman*, de Mairet; *Oroondatès ou les Amants discrets*, de Guérin de Bouscal; *Le grand Tamerlan et Bajazet* e *Le mariage d'Oroondatès et de Statire* ou *La conclusion de Cassandre*, ambas de Magnon; *Osman*, de Tristan l'Hermite) teriam dado — sublinham os estudiosos das fontes — a peça *Bajazet*[2].

Bebendo Racine em fontes antigas ou recentes, inspirando-se na História, na Mitologia ou na Bíblia, o que chamou, no entanto, a atenção de muitos foi a retomada monótona de um mesmo tema, em todas as peças. Não teria Racine senão transposto sempre o seu *eu* e expresso suas obsessões ao longo de seu teatro grego, romano ou turco? Na escolha das fontes e na reelaboração dos elementos selecionados, o seu inconsciente não representaria um papel importante? E parece-nos oportuno recordar o engenhoso estudo de Charles Mauron, que focalizou a obra raciniana, aplicando a Psicanálise à crítica. Superpondo as peças, umas às outras, cotejando-as, notou Mauron as obsessões do dramaturgo que, de maneira inconsciente, foi levado a projetar seu *eu* nos heróis e suas tentações ou defesas, seus desejos e

---

2. SCHERER, Jacques. *Op. cit.*, pp. 17-46.

medos nas demais personagens que, ao redor das figuras centrais, constituem seu universo[3].

Resumindo tal trabalho, vemos que Racine foi marcado por certos fatos:

1. A orfandade — a morte da mãe e, pouco depois, a do pai que já se casara novamente. Donde a "ressonância obsessiva", no seu teatro, "do estado" e da palavra "órfão". Assim, "os *eus* aí são órfãos, insistentemente: Astyanax, Britannicus, Bajazet, Atalide, Monime, Eriphile, Esther, Eliacin". Além disso, são eles ameaçados "de morte por poderes nefastos. Esta concordância entre a obra e a vida torna bastante razoável a hipótese de angústias infantis profundas"[4].

2. Sua tia jansenista, religiosa em Port-Royal, foi-lhe uma espécie de mãe espiritual e Racine, em carta a Mme. de Maintenon, salientou ser-lhe devedor de "obrigações infinitas". A imagem de Mère Agnès de Sainte-Thècle predominou na formação do seu *superego* e "esta imagem era a de uma jovem. Isto deve ter favorecido uma fixação ambivalente à mãe, objeto de medo e de amor ao mesmo tempo, e agravado as dificuldades edipianas entre 3 e 6 anos", que ressoam tão profundamente na crise da adolescência[5].

3. A influência do jansenismo, religião rígida e austera, autêntica "neurose obsessiva", com sua aguda preocupação com a graça, sem a qual não há salvação possível, marcou-o intensamente. Assim, das três "instâncias da psique" (o *ego*, o *superego* e o *id* de Freud), foi destruído o *ego* pelo assalto de escrúpulos, sobrando: "um corpo de instintos nefastos e o *superego* que os julga". Donde "uma dissolução psicológica"[6]. O inconsciente raciniano foi marcado pelo jansenismo e sentiu com os seus adeptos, declarados heréticos, apesar da aparente indiferença, "as esperanças, os medos, o gosto de ser perseguido, a resistência aos poderes injustos, a culpabilidade".

Racine, o órfão hipersensível, educado num ambiente familiar neurótico, apresentou "um *ego* prematuramente endurecido, muito mais fraco do que parece" e que recusa "uma obsessão familiar por razões de segurança interior". E o seu *superego*, em virtude da educação recebida, foi "amplamente feminino, posto que as mulheres, na casa de Racine, representavam a mais

---

3. MAURON, Charles. *L'Inconscient dans l'oeuvre et la vie de Racine*. Paris, José Corti, 1969.
4. MAURON, *Op. cit.*, p. 186.
5. MAURON, *Op. cit.*, pp. 187-8.
6. MAURON, *Op. cit.*, pp. 193-5.

rigorosa moralidade". Donde a presença das "mães terríveis" no inconsciente da criança, pois "figuras de mulheres alimentam ao mesmo tempo o amor e o medo na criança. Estas figuras dispõem, aliás, de poderes particularmente trágicos. Elas estão em contato com Deus, ser temível ao qual são imoladas"[7].

Escrevendo para o teatro — atividade pecaminosa, veneno das almas, no conceito dos jansenistas —, já traduz Racine sua reação contra um meio que ameaçava sua personalidade. Era a tentativa de afirmação do seu *eu*, pela revolta, apoiando-se "naquilo que se lhe oferecia de menos familiar: o estudo, o grego — e numa imagem familiar anterior ao jansenismo, o homem a serviço do Rei"[8]. Mas essa revolta seria vencida.

Notou Mauron, em todo o teatro raciniano, o esforço de independência do autor, seu complexo edipiano depois vencido e a orientação para a "regressão": o abandono do teatro e o casamento, a submissão ao Rei e enfim o retorno a Port-Royal, ao mesmo tempo "mãe" e "pai".

Mauron estabeleceu um esquema muito hábil, em que se observa a presença de uma "situação dominante", cuja estrutura assim se apresenta:

Hermione	Pyrrhus	Andromaque
(Oreste)		Astyanax
Agrippine	Néron	Junie-Britannicus
Roxane	Bajazet	Atalide

Procedendo à "superposição", colocando *Britannicus* e *Bajazet* sob *Andromaque,* verificou o autor um "fantasma radical", isto é, Bajazet ocupa o centro da situação dramática dominante, como Pyrrhus e Néron, vendo-se Roxane que se coloca sob Agrippine e Hermione, enquanto Atalide se situa sob Junie e Andromaque. Assim, sempre a personagem central foge de uma mulher possessiva, ciumenta, viril, que tem direitos e poderes sobre ela e da qual gostaria de libertar-se; e esta personagem sempre deseja a posse de um ser fraco, desprotegido: uma cativa. É, pois, sempre o mesmo "fantasma": o castigo do desejo amoroso. Como vemos, qualquer que seja a fonte consciente — História, Mitologia ou fato contemporâneo —, estudada pela crítica clássica, há uma fonte interior: o "Mito" pessoal de Racine, mito que aparece atrás das ficções conscientes (a leitura do romance de

---

7. MAURON, *Op. cit.,* pp. 202-3.
8. MAURON, *Op. cit.,* p. 203.

Heliodoro se revelaria como um caso de "memória inconsciente"). E esta situação, vista pela Psicanálise, é edipiana[9].

Exprimindo Racine, de maneira inconsciente, em *Bajazet*, como em outras peças, suas obsessões, estaria retomando, sem descanso, um único tema, ainda que se esforçasse por variá-lo. Grécia, Roma, Turquia... Mas, sempre o mesmo tema. É o que nos diz Mauron. Porém, limitar-se a esse aspecto seria ignorar o valor de Racine. E é preciso reconhecer que, graças ao "poder criador do poeta", fazendo que suas criaturas apareçam como "autônomas"[10], vivam por si próprias, e expressem suas paixões em melódicos e impecáveis alexandrinos, tal monotonia é esquecida ou não notada. E é nisto que consiste a arte de Racine: uma arte genial.

---

9. MAURON, *Op. cit.*, p. 97.
10. BONZON, Alfred. *La nouvelle critique et Racine*. S. Paulo, Faculdade de Filosofia, Letras e Ciências Humanas, 1971. Boletim nº 350, p. 84.

III. O TEATRO ROMÂNTICO

12. ROUSSEAU E A ARTE DRAMÁTICA*

Lendo, recentemente, *Rousseau et l'Art du Roman*, de Jean Louis Lecercle[1], obra interessante pela nova abordagem do escritor que tantos e tão variados estudos têm suscitado através dos anos, deparamo-nos com um item que diz respeito à "Técnica dramática". São as cenas de teatro que desfilam na sua obra romancística; é o gesto teatral das personagens; são as suas reviravoltas dramáticas; são os pormenores do estilo dramático; e é mesmo, ainda, a influência do trágico Racine.

A arte do romance *La Nouvelle Héloïse* é[2], efetivamente, e numa ampla medida, uma arte teatral, pois notória é a influência da tragédia clássica sobre os escritores do século XVIII,

---

* ("Suplemento Literário" de *O Estado de São Paulo*, 27/12/1970, p. 6).

1. LECERCLE, Jean-Louis. *Rousseau et l'Art du Roman*. Paris, Lib. Armand Colin, 1969, pp. 188-92.

2. *La Nouvelle Héloïse*. In: *Oeuvres Complètes*. Paris, Gallimard, 1964, Tome II, p. 39. (O Tomo II contém ainda: Teatro, Poesias, etc.).

mormente se considerarmos, como o fez Jean Prévost, que o romance em forma de cartas — é o caso de *La Nouvelle Héloïse* —, tal um diálogo à distância, e "dividido ou antes descontínuo como os atos de uma peça, em que se fala a um confidente", permanece portanto "próximo ao gênero dramático"[3]. Passagem do pronome *vous* ao *tu*, marcando a mudança de tom; riqueza de interrogações e exclamações, exprimindo a agitação que anima as personagens; profusão de hipérboles e de injúrias nobres, como "bárbaro", "cruel", tão utilizadas por Racine, traduzindo a violência dos sentimentos; imagens elevadas; reticências e tantas outras características, como a própria técnica do desenvolvimento do romance, inspiram-se na dramaturgia clássica, sublinhando Lecercle o papel de Claire, amiga de Julie, que participa de todos os seus problemas, tal a confidente da tragédia.

Ressonâncias de falas de *Phèdre*, de *Bérénice* ou de *Athalie*, magistrais criações racinianas, encontram-se nas de Julie, de Rousseau. Leiamos as seguintes:

Desde o primeiro dia que tive a infelicidade de ver-te, senti o veneno que corrompe meus sentidos e minha razão (p. 39).

Que disse eu, miserável? Não posso falar, nem calar-me. Para que serve o silêncio quando o remorso grita? O universo inteiro não censura minha falta? Minha vergonha não está escrita em todos os objetos? (p. 95).

São realmente acentos próprios de uma Phèdre, arrependida, torturada diante de seu amor incestuoso por Hippolyte e que dá vazão ao seu problema íntimo. Quando Julie descreve seu pretenso sonho, no delírio da doença, faz lembrar o de Athalie:

Em um dos momentos em que me sentia pior, acreditei durante o ardor da febre, ver ao lado do meu leito este infortunado; não tal como fascinava meus olhares durante a breve felicidade da minha vida, mas pálido, desfeito, em desordem (...) Quis lançar-me para ele (...) foram seus gemidos que acreditei ouvir à medida que ele se distanciava (p. 329).

Se Rousseau, filósofo, é um romancista — *Discours sur L'Inégalité* é o romance da humanidade; *Le Contrat Social* é o romance da sociedade ideal; *L'Émile* é o romance da educação —, Rousseau romancista é um dramaturgo, alimentado por lembranças de leituras aliadas a experiências pessoais, ou melhor, às suas mais profundas e íntimas aspirações. Leitor de Molière, desde a infância; freqüentador assíduo de teatros, mesmo à

---

3. PRÉVOST, Jean. *La Création chez Stendhal*. Citado por JEAN-LOUIS LECERCLE. *Op. cit.*

custa de sacrifícios, pois quando seus recursos eram parcos, ele aparece "regulando a despesa de (meus) despreocupados prazeres sem cortá-la", e indo às representações pelo menos "duas vezes por semana", o que leva a presumir que iria quase diariamente, em tempos mais favoráveis; autor de peças teatrais, cujo total é sete (suas obras musicais à parte) e das quais não publicou senão *Narcisse ou l'Amant de Lui-même*, foi Rousseau um amante do teatro, E preciso é notar que, nas suas *Confessions*[4], surgem alusões que nos revelam bem sua cultura nesse campo: ao referir-se a determinadas passagens de sua vida, por exemplo, estas levam espontaneamente à evocação de situações ou personagens teatrais. Ao conhecer Mme. de Larnage, confessa ter ficado mais tímido que uma personagem de Marivaux (o Marquês du Legs). Aliás, esse dramaturgo e Voltaire — ainda que menos acentuadamente o segundo — exerceram influência sobre seu teatro, ao lado dos clássicos do século XVII.

Problemas sociais e políticos — como não poderia deixar de ocorrer — se fazem presentes, ainda que com certa discrição, em *Iphis, Arlequin Amoureux Maigré Lui* e *La Mort de Lucrèce*, obras inacabadas, mas de valor inegável para o pesquisador. O que irrompe, porém, em todas as suas criações — e isso não é de estranhar, se considerarmos a psicopatologia de Rousseau —, é o seu *eu* sempre pronto a manifestar-se. Suas, muitas vezes, são as atitudes das personagens, como suas também são as reações e sentimentos expressados. As personagens são seu *eu* transposto, com suas idéias e sensibilidade. Mesmo numa obra musical ligeira como na pastoral *Le Devin du Village* — malgrado a longa tradição do gênero a pesar com seus convencionalismos, há uma certa brisa de juventude —, Rousseau parece deleitar-se na pintura da vida simples de aldeões, caracterizada pela natureza e inocência dos costumes. É o amante da natureza e do homem bom, simples, não pervertido pela sociedade: o Rousseau que, três anos antes, atraíra a atenção para si, com o *Discours sur les Sciences et les Arts*, inaugurando seu sistema social. Nessa leve e encantadora pastoral, em que, segundo os *connaisseurs*, a música se associa ao texto revelando as qualidades do Rousseau compositor e dramaturgo, surge um singelo par amoroso — os pastores Colin e Collete —, buscando e encontrando solução ao seu problema sentimental na sabedoria do Adivinho da Aldeia, tudo isso em meio a cantos que fazem ressaltar sua vaporosa ingenuidade, num cenário campestre. Apesar dos aplausos do

---

4. *Confessions*. In: *Oeuvres Complètes*. Paris, Gallimard, Tome I, p. 287.

público da época, comenta Charly Guyot que a atitude de Rousseau "parece quase lamentar ver entregue tal obra à admiração de mundanos incapazes de compreender sua lição"[5]. Pois o era, ainda que num gênero convencional e com música.

Mas enfoquemos uma das suas primeiras peças: *La Découverte du Nouveau Monde* (de 1739, aproximadamente). O *décor* é uma ilha das Antilhas; suas personagens, selvagens, espanhóis, além do coro (Rousseau é o admirador da música, como se sabe) e de figuras alegóricas do Prólogo (França, Europa, Destino...). É a descoberta do Novo Mundo, como diz claramente o título, e Rousseau já surge com um dos temas que lhe será caro: o do bom selvagem, virtuoso, não corrompido ainda pela civilização e que está representado pelo Cacique a enfrentar bravamente, altivamente, os descobridores e a recusar a fuga — fuga que constitui uma característica do comportamento do autor —, por considerar-se Pai de seus súditos, o que o faz dizer à mulher:

> Mas meu Povo me é caro tanto quanto tu
> E a virtude mais que ambos juntos.

(p. 823)

Prefiguração, ainda que vaga, de seu sistema que se instituiria dez anos mais tarde, com o primeiro Discurso, mostrando-nos, entre outros, os selvagens da América, como os preservadores da Virtude e da Felicidade. É a virtude, a inocência primitiva tão cantada pelo autor e que faz que o Grande Sacerdote da tribo, procedendo aos seus ritos em homenagem aos deuses, prediga ao Cacique o fim de seu reinado, nestes termos:

> Teus povos submetidos a um jugo odioso
> Vão perder para sempre os mais caros dons dos Céus
> Sua liberdade, sua inocência.

(p. 827)

São idéias, vagas ainda, mas que já despontam, preparando-se para a fermentação. Idéias em estado embrionário. E mesmo o gesto de Colombo, nesta peça, ao fincar no solo o estandarte de Castela e ao pronunciar seu "Perdei a liberdade", p. 869), tem levado críticos à evocação espontânea da figura simbólica do *Discours sur l'Inégalité*, composto quinze anos após, em que

---

5. *Oeuvres Complètes*, Introductions. Tome II, p. XCI.

ela diz, possessivamente, ao fincar as estacas na terra e estabelecendo a propriedade: "Isto é meu".

Toda a sensibilidade rousseauísta aqui está presente, encarnada nas personagens, ora no Cacique — este, ao querer permanecer fiel a Digizé, sua mulher, rejeita o amor de Carime, não escondendo o temor do poder das lágrimas da jovem índia:

> Mas seus furores nada obterão de mim:
> Num coração feito como o meu,
> seus prantos eram bem mais temíveis

(p. 822)

— ora encarnada essa sensibilidade na própria Carime, que, tendo vingativamente traído o Cacique, é dominada pelo remorso. Diz ela à mulher do Cacique, participando de sua dor:

> Apenas puniu-se a ofensa
> Que se sente menos o prazer que dá a vingança
> Que o pesar por estar vingado

(p. 835)

e chegando mesmo a pedir, em seguida, a clemência de Colombo em favor do casal. Aliás, não só ela, mas o próprio oficial espanhol D. Alvar, clamam ambos pelo perdão do chefe. E ele é concedido. É a magnanimidade de Colombo, que tem muito da clemência de Augusto, na peça *Cinna*, de Corneille, mas que revela também o reino do amor, da virtude, reino sonhado pelo utópico e teórico Rousseau.

Reminiscência dos clássicos há, de maneira irrefutável. O presságio sombrio que pesa sobre os selvagens, a profecia não mais alentadora do Sacerdote são de procedência clássica, o mesmo podendo ser dito de certas falas da repudiada e ciumenta Carime, que ressoam tais versos racinianos, proferidos por uma Hermione (em *Andromaque*) ou uma Phèdre e dirigidos a um Pyrrhus ou a um Hippolyte, respectivamente:

> Cruel! Insultais a minha sorte deplorável (p. 820).
> Como! Bárbaro! ao desprezo juntas enfim o ultraje! (p. 822).
> A meu amor traído preferes minha raiva (p. 822),

ou ainda:

> Mas eu o espero em vão, o ingrato ainda aí reina (p. 831).

Carime, sem a reviravolta final — muito à la Rousseau, pois sem ela, onde estaria a bondade do selvagem? — é criação tipicamente raciniana, pela violência das paixões.

Mas saltando no tempo e no espaço, vai agora situar outra peça na Hungria, em guerra contra a França e em torno de um prisioneiro de guerra francês, o oficial Dorante — nova encarnação das aspirações do autor. Muda a época; substitui o cenário; mas presente sempre o seu autor. Como salientou Scherer, ao referir-se à peça *Les Prisonniers de Guerre* (1743), o protagonista é um reflexo do seu criador, ao querer

conciliar a leveza do estilo mundano que ele teoriza complacentemente e que convém a suas ambições parisienses, com o amor de puro sentimento do qual Mme. de Warens, relegada num passado já findo, deixava a imperecível lembrança[6].

Mas ainda que uma das suas mais pessoais criações, surgem aqui e ali, talvez involuntariamente, reminiscências cornelianas e, lendo uma das falas de Dorante, tem-se a impressão de ouvir o Cid, com todo o seu amor por Chimène, ao lado de seu acentuado sentido do dever e da dignidade:

É o próprio excesso de meu amor que me faz sacrificar a felicidade ao dever, uma vez que não é senão em a perdendo que posso me tornar digno de possuí-la (p. 866).

Enfoquemo-la mais de perto. Dorante ama Sophie — curioso é o fato da personagem já ter o nome de sua futura amada real, Sophie d'Houdetot, por uma espécie de adivinhação a longo prazo — e é por ela amado, mas o pai da jovem quer casá-la com Maker, homem grosseiro, ridículo nos seus ciúmes, e muito mais velho, pois já tem uma filha moça, Claire. Esta, que se faz presente apenas através da menção de outras personagens, ajuda Dorante, ao receber em seu nome as cartas enviadas ao oficial e que, sem isso, seriam normalmente abertas pela censura. É ela ainda que desperta os ciúmes da outra, ao fazer chegar às mãos de Dorante a última carta paterna, precipitando a situação: a mútua declaração amorosa de Dorante e Sophie. O pai opõe-se ao casamento, não só pela palavra dada a Maker — a única personagem desagradável, pois todos são bons e simpáticos, segundo os sonhos rousseauístas —, mas principalmente pela nacionalidade do rapaz, obstáculo cuja validade é combatida pelo irmão de Sophie. Este, ex-prisioneiro de guerra que, na França, tivera no pai de Dorante um benfeitor — são as ingênuas coincidências novelescas que ainda são acolhidas por certo público —, fora recambiado e desdobra-se em elogios à França, ao príncipe, ao

---

6. *Op. cit.*, p. LXXXV.

povo francês, elogios cujo tom escapa ao gosto atual, mas que atestam a admiração do suíço pela terra que o acolheu e que se tornou sua pátria. Referimo-nos, linhas acima, à coincidência, por curiosa antecipação, do nome Sophie atribuído à personagem central; e preciso se faz atrair a atenção para o de Claire. Embora não nos conste a existência de qualquer correspondente real, é a prefiguração de Claire, amiga boa, prestativa e simpática, cujo nome já sugere a limpidez de intenções e ações, e que está sempre ao lado de Julie (transposição idealizada de Sophie d'Houdetot), no romance *La Nouvelle Héloïse:* concretização literária da fantasia do autor, o apaixonado, o eterno sonhador a povoar seu mundo com seres bons, virtuosos, perfeitos (ou tentando sê-lo).

Procurando estabelecer relação vida x obra, Scherer, conceituado especialista de teatro, refere-se ao episódio relatado por Rousseau, nas *Confessions*, em que ele aparece como prisioneiro de guerra", segundo a expressão de Mlle. Galley. Prisioneiro de guerra, mas também do amor o é Dorante como o foi Rousseau, de início de Mme. de Warens, e, posteriormente, de Sophie d'Houdetot?

Prisioneiro a amar sua prisão amorosa, sem poder fechar-se às solicitações do mundo exterior[7].

E não resistimos à tentação de imaginar Rousseau aos pés da amada Sophie, como Dorante, a repetir anos antes e dirigidas também a uma Sophie, ainda que fictícia:

Esta aproximação tímida, esta emoção, este respeito, estes ternos suspiros, estas doces lágrimas, estes arrebatamentos que a senhora me faz experimentar têm algo de comum com o ar espirituoso e ligeiro que a polidez e o tom da sociedade nos fazem tomar junto das mulheres indiferentes? Não, Sofia, os risos e a alegria não são a linguagem do sentimento. O verdadeiro amor não é temerário, nem irrefletido; o medo o torna circunspecto; arrisca menos, pelo reconhecimento do que pode perder, e como detesta o coração ainda mais que a pessoa, não arrisca a estima da pessoa que ama para adquirir a sua posse! (pp. 158-9).

E o amor vai ser, novamente, o foco de interesse da peça seguinte: *L'Engagement Téméraire* (de 1747), que corrobora a afirmativa da crítica ao ver Rousseau como um discípulo de Marivaux, dramaturgo mais conhecido como pintor do amor, embora muitos outros aspectos da sua obra mereçam valorização. Os pares amorosos dos amos — Dorante e Isabelle; Valère e

---

7. *Op. cit.*, p. LXXXV.

Eliante –; o par amoroso dos criados – Lisette e Carlin –; os obstáculos imaginários que se opõem ao amor dos primeiros; a carta forjada para confundir com os ciúmes, ainda mais, os amos às voltas com o problema sentimental; mas o esperado desenlace feliz – a rendição amorosa, o casamento – a culminar aquelas desventuras passageiras, fictícias, criadas pela tendência romanesca de Isabelle: tudo isso é Marivaux. E até o título sugere um desse dramaturgo do amor: *Serments Indiscrets*. Juramentos indiscretos são "O Compromisso Temerário"? E qual o compromisso? A promessa de não voltar a amar – é a da viúva Isabelle –; a de não exteriorizar os sentimentos – é a de Dorante. (Aliás, o tema da renúncia ao amor é ilustrado pelo mesmo Marivaux, em *Surprise de l'Amour*, entre outras). Mas depois das manobras femininas, felizmente e oportunamente sabidas por Dorante, graças à cumplicidade da camareira, tudo se aclara – é o domínio otimista da comédia, através da qual o romântico Rousseau podia dar livre curso às suas quimeras amorosas.

Diz o autor, na "Advertência" à peça, que a compôs em três dias – tempo relâmpago para um não *expert* –, mas nas *Confessions*, prolonga esse prazo para quinze dias, o que tampouco é muito[8]. Mas essa rápida elaboração atesta sua "à vontade" e mesmo seu prazer como dramaturgo, numa comédia ligeira que apresenta qualidades sobretudo no Ato III. Sabe-se, por testemunho de Mme. d'Epinay, em *Mémoires*, que numa representação no Castelo de La Chevrette, anos mais tarde, em 1757, o próprio Rousseau passou de autor a ator, embora a contragosto, no papel do não muito esperto valete Carlin. E, nessa representação particular, o grande amor impossível de Rousseau – Sophie d'Houdetot – teria encarnado a figura de Eliante. Como Rousseau desfrutaria, se pudesse – apesar da dificuldade como ator, além da proverbial timidez – ser o seu Valère... Seria o par amoroso ideal, feito à medida de seus sonhos: ele, Valère; ela, Eliante, ainda que o tímido Dorante, que não pode manifestar sua inclinação amorosa pois, desde o início, adotou ou foi obrigado a adotar uma atitude indiferente aos atrativos de Isabelle, tenha este Dorante sido freqüentemente apontado, pela crítica, como a personificação do autor: o tímido Rousseau pintado nas *Confessions*.

Mas focalizemos a melhor criação dramática e que, por esse motivo, foi incluída no repertório da "Comédie Française": *Narcisse ou l'Amant de lui-même*, composta – se acreditarmos

---

8. *Confessions*. In: *Oeuvres Complètes*. Tome I, p. 342.

em Rousseau — aos 18 anos de idade, embora só tenha sido encenada, com êxito, em 1752, quando o autor já alcançava os quarenta e tivesse defendido, ousadamente, e de maneira a chocar o espírito do século, no *Discours sur les Sciences et les Arts*, a tese da decadência dos costumes como o efeito do "progresso das luzes". Essa peça apresenta a marca de Voltaire (*L'Indiscret*, de 1725) e de Marivaux (*Le Petit-Maître Corrigé*, de 1739), sobretudo deste último, a quem Rousseau mostrou sua obra, aceitando sugestões para melhorá-la[9]; mas apesar dos remanejamentos a que deve tê-la submetido, a primeira redação é anterior às dos dramaturgos que admirava.

Sua intriga — inverossímil, como muitas desse tipo — coloca-nos em face de "um Narciso", isto é, Valère, um belo rapaz convencido de suas perfeições físicas e que vai sofrer a correção, mediante brincadeira engendrada por Lucinde, a irmã, que não lhe suporta tal fraqueza. Apesar das objeções de Angélique, a noiva, mostra Lucinde ao irmão o retrato de uma linda jovem — é ele mesmo, mas representado com todo o aparato feminino — e ei-lo ridiculamente apaixonado por si mesmo, e, esquecendo seu compromisso matrimonial, a procurar o original do retrato. Paralelamente, pois a intriga é dupla: Lucinde, atraída por Cléonte, não quer casar-se com Léandre, o pretendente que o pai lhe escolheu, isto é, o irmão de Angélique, até que vem a saber que ambos são a mesma pessoa. (Angélique não a informa sobre a identidade do rapaz, por uma espécie de vingança pela mistificação do retrato que fizera Valère esquecer seu compromisso). Ao mesmo tempo, Léandre, desconhecido até então, vai servir de elemento para, despertando os ciúmes de Valère, trazê-lo de volta à noiva. E advém o desfecho feliz: dois alegres pares, com a impreterível bênção paterna.

Intriga inverossímil; trivial e já excessivamente explorada confusão de retrato. Mas, ao lado de defeitos, aparecem qualidades dignas de menção num Rousseau pouco conhecido como dramaturgo. Clareza e rapidez na exposição; naturalidade e fluidez no desenvolvimento da ação; domínio na direção, humorística, da intriga central: são os pontos positivos dessa comédia otimista que apresenta a cura de seu ridículo protagonista com traços homossexuais. Desenlace em que se tem visto influência de Marivaux, mas que acusa também, como o notou o comentarista da edição da Pléiade, "recursos emotivos" de Rousseau, que dá "uma cor sentimental a um tema que era de início

---

9. *Op. cit.*, p. 287.

realista"[10], mesmo porque a censura e as conveniências teatrais da época não permitiam alusões mais cruas.

Ainda que inacabadas, merecem alguma atenção pelo que deixam transparecer da alma, das idéias, das obsessões rousseauístas: *Iphis* (1737), *Arlequin Amoureux Malgré Lui* (1747) e *La Mort de Lucrèce* (1754). Ópera e tragédia a primeira, coloca-nos ante o tema "valor pessoal" e "posição social privilegiada", pois o apaixonado Iphis, oficial do palácio do Rei Ortulle, ainda que seja amado por Anaxarette, filha do falecido monarca, vê-se substituído pelo Príncipe Philoxis, que regressava vitorioso. Para Anaxarette: "Um é rei triunfante; o outro amante sem nascimento" (p. 806), o que a faz dizer, altivamente, palavras que a situam numa certa posição de analogia com a Infanta de *O Cid*:

> Reinemos: minha posição não me propõe
> Senão uma coroa a desejar
> E não seria mais digna de levá-la
> Se desejasse outra coisa
>
> (p. 807).

Mas esta idéia de um Iphis repelido por sua origem modesta é bem própria de Rousseau, sem situação social de realce e marcado por uma aguda sensibilidade...

Quanto a *Arlequin Amoureux Malgré Lui*, título que já a situa na tradição da Comédia Popular da Feira ou da Commedia dell'Arte, com um Arlequim ao mesmo tempo simplório e vivo, que terá de Rousseau? A rigor, esta cômica personagem do pobretão preocupado com a idéia de saciar a fome premente, mas que se conseguir, com acerto, definir-se amorosamente por uma das duas fadas que a interpelam, terá resolvido seu problema vital, esta cômica personagem — repetimos — não pode ser Rousseau. No entanto, não se entregava Rousseau aos devaneios, pondo-se em marcha pelas estradas, sem nenhuma garantia ou mesmo promessa de algo sólido, à la Arlequim? Não encontrou ele, em Mme. de Warens, a sua fada benfazeja que lhe permitiu usufruir da tranqüilidade, por alguns anos, no cenário paradisíaco de Charmettes? E mesmo não querendo forçar demais a situação, nem assim podemos fechar os olhos à sátira social esboçada nessa divertida peça: como Arlequim e Nicaise dirigem-se a pé a Paris, sem contarem sequer com dinheiro para a alimentação, o segundo cita nos sonhos de melhoria de seu *status social* os casos do procurador, do médico e do comerciante, ao que

---

10. *Oeuvres Complètes*. Tome II, p. 1863.

o primeiro pondera, graciosamente, que se todos se elevaram, não importa por que meios, qual a razão que os impede de seguir o exemplo dos três, ao mesmo tempo? (p. 941). Além disso, impossível negar que, para o filósofo Rousseau — como para o cômico Nicaise —, era evidente que muitos fazem "passar velhacos por honestos" (p. 943).

Já sua última incursão pelo campo teatral — *La Mort de Lucrèce* — é tragédia de tipo corneliano, não só pelo que o dever representa para a protagonista, mas pelo aspecto político. Em Lucrèce, tal réplica de Pauline, de *Polyeucte*, o amor por Sextus (filho do tirano Tarquin) é suplantado pela cega obediência ao pai que a obriga a casar-se com Collatin. Uma vez casada, o arraigado sentido do dever continua, de maneira a não permitir que ela aceite, sequer interiormente — e nisso é mais corneliana que o próprio modelo —, um amor proibido.

Rousseau dramaturgo, como vimos vendo, atesta sua dívida para com Corneille, o mestre da energia e da grandeza de alma. Mas os especialistas do autor não deixam de ver ainda, nessa peça inacabada, o espírito romântico que se manifesta através de Sextus, com sua paixão ardente e sua exacerbada insatisfação, na iminência mesmo de atingir aquilo que ele considera o maior desejo: Lucrèce. Sextus é um curioso amálgama do amante frenético com o eterno insatisfeito, que confessa, desalentadamente, ao confidente Sulpitius (maquiavélica figura, que tem lembrado Narcisse, a alma negra de Néron, na peça *Britannicus*, de Racine):

Ai! como possuindo-a, estarei ainda longe da felicidade suprema da qual eu me formava uma arrebatadora idéia. Ah! Sulpitius, quando me tiveres dado Lucrèce, dize-me, que farás para tornar-me feliz? (p. 1034).

Sente-se infeliz por não ter o amor de Lucrèce; mas "possuindo-a", continuará infeliz. É a impossibilidade de alcançar "a felicidade suprema".

Como notou Scherer, "as linhas de força das peças inéditas convergem para o esquematismo sentimental de *La Nouvelle Héloïse*[1], e o último ensaio dramático, de maneira mais acentuada que os outros, prefigura as personagens e a situação sentimental do romance: a virtuosa Julie, Wolmar (o marido confiante) e Saint-Preux, o apaixonado fiel, numa vida feliz a três, situação impossível na peça, como o será mais tarde, na vida real — Mme. d'Houdetot, Saint-Lambert e ele, Rousseau.

---

1. *Idem*, p. LXXXVI.

Rousseau, o filósofo romancista. Rousseau, o romancista dramaturgo. Rousseau, o dramaturgo que cultiva todos os gêneros da época (tragédia, ópera, comédia, "parade", etc.), até 1754, quando decide ser coerente com sua filosofia, contrária, por princípio, aos refinamentos da civilização. Detrator então do teatro, atacando-o, frontalmente, na "Lettre à d'Alembert" (1758), em que o considera nocivo à moral, lídima "escola de maus costumes", e angariando, de maneira definitiva, a inimizade de figuras como Voltaire, o grande cultivador e amigo da arte cênica. Mas o dramaturgo em potência que, para evitar uma contradição, cai em outra... é uma amostra — se é que já não as temos suficientes — da complexidade humana.

15. O D. JUAN ROMÂNTICO, DE ZORRILLA

Alvo de não poucas cogitações dos eruditos tem sido a figura mítica de D. Juan; e não menos numerosas as obras que inspirou, quer no romance, quer no teatro, além de nas outras artes fora da literária. Diferentes focalizações na área da interpretação influíram nas mais variadas concepções da lendária personagem; e é bem verdade que estas determinaram novos enfoques, numa inter-relação que testemunha a inesgotabilidade do filão-D. Juan[1]. É suficiente, parece-nos, aqui recordar de passagem a peça *La Mort qui Fait le Trottoir* ou *Don Juan*, do dramaturgo francês Montherlant, que põe em cena, satiricamente, pensadores e suas elucubrações que pecam, muitas vezes, pelo excesso de fantasia na sua abordagem com pretensões científicas.

No campo da criação, e saindo portanto do terreno da crítica, em meio à já extensa galeria donjuanesca, merece atenção

---

1. Molière, Mozart, Goldoni, Byron, Shaw, Lenau, Lenormand e tantos mais compuseram obras, inspirando-se em D. Juan.

especial o protagonista da peça de um espanhol, José Zorrilla; e tal escolha se explica pelas sensíveis modificações que o seu criador, católico profundo e romântico convicto, trouxe à figura do sedutor inveterado, sobretudo no que concerne ao momento de sua despedida da vida[2]. Retomando a figura que teve sua primeira forma literária com Tirso de Molina, pseudônimo do Frei Gabriel Téllez, na obra *El Burlador de Sevilla y el Convidado de Piedra* (impresso em 1630), mas baseando-se principalmente em Zamora, autor do século XVIII, que compusera *No hay Plazo que no se Cumpla ni Deuda que no se Pague y el Convidado de Piedra*, deu Zorrilla, no entanto, aos espanhóis uma obra que pode ser considerada original e profundamente popular. Com convicção, não isento de orgulho, bem confessava ele sua vinculação com o hispânico, ao dizer:

> Español, he buscado en nuestro suelo mis inspiraciones. Cristiano, he creído que mi religión encierra más poesía que el paganismo.

Deixando de lado, por ora, os defeitos — que não são tantos, apesar de ter sido composta a peça em apenas vinte e um dias, e que o próprio autor não ignorava, apontando-os ele próprio, enquanto afirmava não mais desejar ouvir comentários a respeito —, mesmo porque, em última análise, cabe-nos pensar como Ramiro de Maeztu que "no puede ser cosa inferior un drama cuyos versos se ha aprendido de memoria todo un pueblo"[3], vejamos o seu D. Juan. Diante do primeiro D. Juan, o de Tirso, que é condenado e morre no final, após o banquete macabro que a estátua do Comendador lhe oferece e que antes ele havia convidado para cear, podemos considerar que tal castigo é o fim, justo, para aquele que se entregava, com frenesi, aos prazeres sensuais, o que o torna símbolo tipicamente barroco da ânsia sempre insatisfeita de tais gozos; já o D. Juan de Zorrilla, reflexo da época romântica em que nasce, encontra a salvação graças à alma de Inês que vem ajudá-lo, estimulando-o a salvar-se com ela. É a salvação por amor, porque ele é amado e ama:

> ... el amor salvó a Don Juan
> al pie de la sepultura.

E essa foi a grande inovação do romântico: a salvação.

---

2. *D. Juan Tenorio*. Madrid, Espasa-Calpe, 1960.
3. MAEZTU, Ramiro de. *Don Quijote, Don Juan y La Celestina*. Madrid, Espasa-Calpe, 1926, p. 83.

Entusiástica e profundamente seduzido pela figura do "rebelde" — D. Juan é o símbolo da rebeldia contra as cadeias da moral e dos preconceitos sociais —, nem assim Zorrilla glorificou seu comportamento; ao contrário, censura-o e a atitude final do protagonista, renegando sua vida passada, não deixa dúvidas a respeito. Aliás, o Ato IV da parte I que é chamado "O diabo às portas do céu", já nos revelava um D. Juan disposto a recomeçar a vida no bom caminho, desejando casar-se com Inês, mas que não realizava tais planos por causa do Comendador, pai da jovem; se este não acreditou em suas palavras e lhe recusou a mão da filha, qualificando o pedido como um ardil de covarde, recusou-lhe também a possibilidade de salvação. E esta só se verifica no final, graças à amada, já morta.

Composta não com os cinco atos da tragédia clássica francesa nem com as três "jornadas" do drama clássico espanhol, a peça bem acusa a independência da escola romântica. Através de suas duas partes, de quatro e três atos respectivamente, aparecém diferenciados de maneira lógica os dois aspectos fundamentais da obra: a libertinagem, o escândalo que caracterizam o tipo de D. Juan (é a primeira parte do título da peça de Tirso de Molina: *O Burlador de Sevilha*); e a lenda da intervenção dos poderes sobrenaturais (a segunda parte do título da mesma obra: *O Convidado de Pedra*). Ou, com outras palavras: a transgressão e a expiação, ficando bem claro o conteúdo moral da peça, conduzida habilmente pelo autor, que soube desenrolar a ação com desenvoltura e vitalidade ímpares.

É o protagonista que confere unidade à peça, se bem que não apareça monoliticamente, e evolua da primeira à segunda parte. Caracteriza-se, de início, como o tipo tradicional: é o libertino, por antonomásia, o homem luxurioso, sensual, que não impõe limites à sua ânsia de prazeres; inconstante, orgulhoso, mau, inescrupuloso, cruel, sádico, mas que exerce por toda a parte um fascínio diabólico, reconhecido por Ciutti, o criado, que o proclama "un diablo en carne mortal". Na segunda parte, porém, o perverso que era inacessível ao amor, se apaixona por Inês; o arrogante, o rebelde, o inimigo da sociedade e de suas convenções, transforma-se em humilde e submisso, pretendendo casar-se e ser bom esposo e genro; de ateu — age como tal —, passa a crer, aspirando à regeneração. A metamorfose na psicologia de D. Juan tem como base o amor — o amor divinizado porque inspirado por Deus para assegurar-lhe a redenção. Inês, a pessoa amada, sendo a candura e a virtude, não se dissocia dos desejos de purificação e redenção de D. Juan, a ponto de que quando o Comendador lhe recusa a mão da filha, está lhe recusando também a possibilidade de salvação, o que conduz o protagonista ao homicídio, a exterminar aquele que lhe extinguiu a esperança de salvar-se. E é essa atitude incompreensiva e intransigente do Comendador, cego e surdo aos anelos do protagonista, que torna D. Juan o incompreendido dos homens; e, portanto, o herói romântico, vítima da Fatalidade.

Impossível furtar-nos, neste breve enfoque, de tecer alguns comentários sobre a arte do poeta Zorrilla, este "mago do verbo", como o foi Hugo, com o qual tem sido comparado freqüentemente, pela fluidez dos seus versos musicais de grande variedade métrica, pelo luxo das suas imagens, enfim pelo seu virtuosismo poético e dramático[4]. Se certas metáforas, rebuscadas, situam o poeta mais dentro da linha dos culteranos espanhóis que na dos românticos, como quando ele emprega o "amor-fuego" que aumenta e passa a "chispa" — "llama" — "hoguera" — "incendio" — "volcán"; se certas expressões usadas para descrever Inês, de maneira idealizada e estilizada, pecam pelo artificialismo — "perpetuo imán" — "perla sin concha" (mundo mineral); "hermosa flor" — "lirio gentil" (mundo vegetal); "mansa paloma" — "garza" — "gacela" (mundo animal); "estrella" — "Ángel de amor" (mundo sideral ou celeste) —, nem por isso pode ser negado a Zorrilla o título de um poeta vibrante e popular, que escreveu para a cena, com muito brilho, colorido e dinamismo, e que na Espanha, ainda atrai um grande público, todos os anos, por ocasião de Finados (ou, pelo menos, isso se verificava até muito recentemente).

4. CYMERMAN, Claude. *Análisis de Don Juan Tenorio*. Buenos Aires, Centro Editor de América Latina S.A., 1968.

16. *LEONOR DE MENDONÇA* – "O PRÓLOGO"*

Rotulando-se "inimigo de quanto é ou me parece prólogo"[1], compôs, no entanto, Gonçalves Dias um dos mais curiosos, originais, lúcidos e surpreendentes prólogos para a época (1846), razão pela qual tem sido muito focalizado e justifica que nele nos detenhamos, uma vez mais, salientando suas especiais qualidades. Escreveu-o, como também os leu – confessa-nos no *Prólogo*:

com prazer, quando eles são feitos, não com o fim inútil de encarecer o merecimento de uma obra que já pertence à crítica e ao público, mas para que o autor nos revele qual foi o seu pensamento, qual a sua intenção, o que pertence exclusivamente ao autor e à arte (...)

Não vai, pois, "encarecer" seu drama *Leonor de Mendonça*, mas expor-nos seu pensamento, sua arte.

* ("Suplemento Literário" de *Minas Gerais* 13/12/1975, pp. 4-5.)
1. Prólogo de *Leonor de Mendonça*.

"Não analiso o que fiz; digo apenas o que era meu desejo fazer", escreve ele. Nessa análise, deixa-se, no entanto, levar por sua criação e, ao lado *do que desejava fazer,* aparece *o que fez,* chegando a dizer, entre outras coisas: "Desenhei como pude uns caracteres, outros deixei quase acabados, outros apenas esboçados". Explicar o que desejava fazer, implicou necessariamente o que havia feito, visto através de seus olhos de criador-crítico. E, cotejando sua peça com os comentários que sobre ela teceu, podemos encarar o assunto sob três aspectos:

> Gonçalves Dias vê o que fez.
> Gonçalves Dias vê o que não fez.
> Gonçalves Dias *não* vê o que fez.

Inspirando-se num fato histórico relatado por uma das velhas Crônicas portuguesas transcritas na *Advertência do Autor*[2] e que se refere ao "injusto ciúme" do Duque de Bragança e à morte da esposa, além do assassínio de Antônio Alcoforado, "a quem a Duquesa tinha mostrado estimar em algumas ocasiões, com que aumentando-se com os falsos indícios, chegaram ao ponto de maior fatalidade", compôs Gonçalves Dias uma obra-prima do Teatro Brasileiro, não apenas romântico; é uma das melhores peças históricas em língua portuguesa. E isto, por razões múltiplas, não podia ele ver ou prever.

No primeiro parágrafo do seu *Prólogo* (que melhor seria designar com o termo *Posfácio*), aponta-nos o autor as fases da marcha da sua criação artística: a "reflexão" sobre idéias e fatos que "em a nossa memória entesouramos como substância de flores em favo de abelhas", desbastando-os e neles trabalhando, de maneira que "estranhamos de o ver brilhante, belo e muito outro do que a princípio se nos antolhara"; a "inteligência" vai então "pesar e meditar" tudo, enquanto a "imaginação" vê "as cores que nele mais sobressaem, e as roupagens que melhor se ajeitam às suas formas" e "desde este instante está criada a obra artística ou literária". No caso, *Leonor de Mendonça*. Com o material de que dispunha — a esquelética indicação da Crônica, que ele procurou seguir "fielmente" —, trabalhou Gonçalves Dias, selecionou, ordenou, interpretou os dados, nutriu-os, enriqueceu-os, supriu-os para encadear as partes do drama; deu-lhe vida, enfim.

Visualizando suas personagens, distribuiu-as em *planos*: No primeiro plano, o trio composto por Alcoforado, "dedicado e extremoso"; a Duquesa, "agradecida e imprudente" e, entre

---

2. *Advertência do Autor* acompanha a peça *Leonor de Mendonça*.

ambos, o Duque "sombrio e desconfiado". Estabeleceu uma "cadeia de benevolência e de serviços, de extremos e de gratidão" entre os jovens até que o Duque intervém "despedaçando a cadeia com sua força". No segundo plano, os domésticos que revelam a índole de seus respectivos amos: Paula, "boa e dócil porque a Duquesa é afável, benévola"; Fernão Velho, "áspero e rude porque o Duque é orgulhoso, inflexível". No terceiro plano (embora não apareça indicado no *Prólogo*), a família dos Alcoforados, bastante idealizada: o velho "robusto e valido"; a filha "amorosa e cândida" e o filho "dotado de boa índole, mas ainda sem caráter". E é Gonçalves Dias ainda que, lucidamente, explica:

> Prender a todos uns aos outros com o amor ou com a obediência, ligá-los estreitamente entre si, juntá-los, conglobá-los, impelir uns sobre outros, fazer brotar a dor e a poesia do choque de todas essas almas e do choque das paixões, o drama.

Ele vê, realmente, o que fez, embora acrescente, com modéstia:

> Cabe à crítica avaliar até que ponto realizei a minha idéia.

No que diz respeito à *ação* — assassínio de Leonor de Mendonça por seu marido, levado pelas aparências que podiam não ter sido falsas —, optou o dramaturgo pela Leonor de Mendonça inocente e assassinada, ainda que reconhecesse que a Leonor de Mendonça culpada e condenada apresentaria "mais interesse para a cena e mais moral para o drama", além de "matéria para mais de um bom drama", tais como: "reações violentas", "luta tenaz e contínua entre os sentimentos da mulher e os da esposa"; "entre a mãe e a amante", "entre o dever e a paixão", com "o remorso e o castigo", no final, o que estaria mais de acordo com os preceitos moralizantes do teatro. Escolheu, pois, "o pior", como ele mesmo o diz, justificando-se nestes termos: "porque tenho para mim que toda a obra artística ou literária deve conter um pensamento severo". Este "pensamento severo", a "verdade incisiva e áspera" é a Fatalidade, que deve ser entendida não só no sentido de um destino imposto às suas criaturas por forças sobrenaturais; não o Destino, vontade superior e soberana que dispõe antecipadamente tudo o que deve ocorrer a cada ser. Não é a Fatalidade dos Antigos e tampouco a dos românticos, explicando:

> Não aquela fatalidade implacável que perseguiu a família dos Atrides, nem aquela outra cega e terrível que Werner descreve no seu dra-

ma – Vinte e quatro de Fevereiro –. É a *fatalidade cá da terra* que eu quis descrever, aquela fatalidade que nada tem de Deus e tudo dos homens, que é *filha das circunstâncias* e que dimana toda dos nossos hábitos e da nossa civilização: aquela fatalidade, enfim, que faz com que um homem pratique tal crime porque vive em tal tempo, nestas ou naquelas circunstâncias (o grifo é nosso).

Dá – como já foi freqüentemente salientado – um sentido muito moderno à presença do Destino implacável: Destino circunstancial, histórico, social.

Se Gonçalves Dias apenas desse ênfase ao "tempo", aos "hábitos", à "civilização", limitaria sua concepção sobre a "fatalidade". Mas explode a catástrofe porque as protagonistas, com suas características próprias, estão em correlação e das suas psicologias decorre seu comportamento. Quando o Duque, diante das irrefutáveis provas contra a esposa, mata-a sem piedade, sua posição é perfeitamente defensável diante da moral portuguesa do século XVI. Mas sua violenta e criminosa reação, com todos os requintes de crueldade, será apenas a reação do Duque, do grão-senhor atacado na sua honra? Reação do marido que se sente traído? Ou a reação de um neurótico que armazena uma enorme carga de ódios e ressentimentos à espera apenas de algo que provocasse a violenta explosão? No *Prólogo*, Gonçalves Dias não vê o que fez na peça ou melhor, não explicita o que está bastante claro na peça. Assim, lemos:

Leonor de Mendonça não tem um só crime, nem um só vício; tem só defeitos. D. Jaime não tem nem crimes nem vícios; tem também e somente defeitos (...) Ora, como o que liga os homens entre si não é, em geral, nem o exercício nem o sentimento da virtude, mas sim a correlação dos defeitos – esta idéia é bastante discutível! – a duquesa e o duque não se poderiam amar porque eram os seus defeitos de diferente natureza. Quando algum dia a luta se travasse entre ambos, o mais forte espedaçaria o mais fraco; e assim foi.

Ainda, no mesmo *Prólogo*, lemos que o Duque "é severo porque é insensível". Mas será mesmo um "insensível"? Ou dizemos nós, um hiper-sensível marcado pelo passado, vítima de obsessivas recordações, de crimes, de melancolia e de como que alucinações que o afastam da realidade? Desde que aparece na peça, vem arrastando seus pesadelos de infância, dos quais não pode desembaraçar-se; e antes mesmo, sua personalidade doentia transparece através das falas de Paula e da Duquesa. É um neurótico. Um masoquista que se deleita morbidamente no sofrimento, dizendo na peça:

Posso eu pensar noutra coisa que nisto não seja?...
Posso eu achar prazer senão em afundar-me nos meus pensamentos e em torturar-me a mim mesmo?

Sim; eu, porém, gosto de me recordar dessa desgraça para adormecer a minha dor com o excesso de sofrimento.

Masoquista, mas também sádico, na medida em que, na sua vingança, excede em fazer sofrer os outros. Ora, todas essas considerações sobre a doentia personalidade do Duque não foram feitas no *Prólogo*, e nem poderiam sê-lo, pois Freud não havia ainda surgido com a sua teoria da Psicanálise; mas Gonçalves Dias intuiu, como muitos grandes autores, os distúrbios da personalidade. Se no *Prólogo*, mais preocupado com o social, afirma que "o Duque é cioso, e notável coisa: é cioso não porque ama, mas porque é nobre", afirmação que empobrece a personalidade, simplificando-a em demasia, ainda no mesmo parágrafo, oportunamente acrescenta:

> O Duque crê quanto basta ao bom senso de qualquer homem, e a sua violência é precipitada, porque ele não interessa com a inocência de sua esposa.

Ora, tais palavras revelam que se o Duque é um nobre, é sobretudo um homem e um homem enfermo psiquicamente, obcecado por imagens infantis, traumatizado pela infância infeliz, a quem não interessa a inocência da esposa, na medida em que matar alguém, mesmo aparentemente culpada, é uma forma de tirar desforra do injusto assassínio do pai. Tornar-se algoz, fazer vítimas, numa inversão de papéis, lhe é uma necessidade. O que Gonçalves Dias não diz explicitamente no *Prólogo* está no texto da peça, se o lermos com atenção. Não viu, pois, o que fez: a ilustração da fatal explosão de ressentimentos longamente armazenados e fermentados.

Curioso se faz notar a contraditória posição de Gonçalves Dias em face da Fatalidade: o autor e o homem encaram-na de maneira diferente, como bem sublinhou Décio de Almeida Prado, em interessante estudo:

> Como autor, sentindo-se acima de suas personagens, compreendia que estas eram movidas por causas psicológicas e sociais, atribuindo ao Destino ou culpando Deus por falhas que eram suas ou da sociedade de sua época[3].

Já o homem Gonçalves Dias pensava exatamente como o Duque ou Antônio Alcoforado, tendo dito:

---

3. ALMEIDA PRADO, Décio de. Apostila de 23 páginas: "Teatro romântico e Leonor de Mendonça", p. 16.

> Sou fatalista no que diz respeito à minha vida e resolveu-se sempre a fatalidade em fazer por fim o que não quisera[4].

e ainda:

> Se não há fatalidade, há, pelo menos, predestinação, e estou persuadido que nos é preciso seguir até o fim a carreira que nos é traçada pelo céu ou pela necessidade[5].

O que parece é que Gonçalves Dias, embora desejando seguir "fielmente" a Crônica portuguesa, não pôde impedir a transposição do seu *eu*, artisticamente transfigurado, nas suas principais personagens: o ciumento Duque não representaria, de maneira extremada, o ciúme de Gonçalves Dias, assim descrito por Antônio Henriques Leal, seu amigo íntimo?

> ... em extremo ciumento, não admitindo esse namoradiço poeta a mais leve quebra de afeto em quem correspondia ao seu amor (...)[6].

O Duque e o jovem Alcoforado, obcecados pela idéia da morte e ambos masoquistas, não encarnariam o próprio autor, tão bem estudado por Lúcia Miguel Pereira?[7] Se no poema "Recordação" escreveu: "A minha alma sente amargo prazer de quanto sofre", este não foi um caso esporádico; e não apenas o poeta, mas o homem Gonçalves Dias foi um inveterado masoquista, e em diferentes fases de sua vida. O jovem Alcoforado, tão sensível às distâncias sociais entre ele — simples "moço fidalgo" — e Leonor de Mendonça, "filha do 1º Duque de Espanha, mulher do 1º Duque de Portugal", não traduz bem os complexos de inferioridade do autor, filho bastardo e mestiço, possivelmente mulato, afastado da mãe e órfão de pai aos 13 anos, o que o fez sempre sentir-se um proscrito na sociedade, apesar de toda a sua cultura? Não se teria idealisticamente transposto em Alcoforado — síntese de todas as qualidades morais, a quem faltou a nobreza social, um nome de família? E em Leonor de Mendonça, a vítima inocente, não estaria também projetado o seu *eu*? Se o próprio Flaubert, chefe do Realismo, afirmou: "Madame Bovary c'est moi", o mesmo poderia dizer Gonçalves

---

4. ALMEIDA PRADO, Décio de. *Op. cit.*
5. PEREIRA, Lúcia Miguel. *A vida de Gonçalves Dias.* Rio de Janeiro, Liv. José Olímpio, 1943, p. 44.
6. HENRIQUES LEAL, Antônio. Citado por Décio de Almeida Prado, no trabalho acima, p. 3.
7. PEREIRA, Lúcia Miguel, *Op. cit.*

Dias da suas personagens, tendo masoquistamente sofrido com elas. No *Prefácio* de *Últimos Cantos*, apresentando a obra, refere-se às

> *dores de um espírito enfermo – fictícias mas nem por isso menos agudas* – produzidas pela imaginação, como se a realidade já não fosse por si bastante penosa ou que o espírito, afeito a certa dose de sofrimento, se sobressaltasse de sentir menos pesada a costumada carga (o grifo é nosso).

Se isto confessou em *Últimos Cantos*, de 1856, muito mais poderia confessar no *Prólogo* de *Leonor de Mendonça*. Romântico, com apenas 23 anos de idade, não poderia deixar de extravasar seu *eu*, suas obsessões, seus recalques, ainda que diluídos em suas personagens e transfigurados poeticamente, artisticamente. Não viu, pois, até que ponto se colocou na obra. Aliás, afirmou no *Prólogo* haver

> entre a obra delineada e a obra já feita um vasto abismo que os críticos não podem ver, e que *os mesmos autores dificilmente podem sondar* (o grifo é nosso).

Almejava Gonçalves Dias mesclar no seu teatro poesia e prosa, tendo como ideal o drama estruturado como uma sinfonia. Diz no *Prólogo*:

> Quando no 4º quadro, a duquesa começa a exaltar-se com o som das suas próprias palavras, fazendo subir de ponto a impaciência do Duque, a cólera deste, instigada pela demora, devia trovejar-lhe nos lábios em versos robustos, e o espectador compreenderia otimamente a razão da súbita mudança. Daqui até o fim do quadro continuaria sempre a poesia. A voz de Alcoforado suplicando a vida da Duquesa seria como uma harpa em uma orquestra, a voz da Duquesa como um acorde mavioso e a voz do Duque e dos da sua comitiva como um acoplamento fúnebre e pavoroso.

Digo ainda:

> Se quando a platéia esperasse ansiosa o desfecho de uma cena, de um ato ou do drama, mudassem os atores repentinamente de linguagem e trovejassem ao mesmo tempo o verso nos lábios dos atores e a música em todos os instrumentos da orquestra, haveria na platéia uma tal fascinação que devia esmorecer por fim num bater prolongado de palmas e num estrugir acalorado de bravos.

Alega, como um dos motivos da impraticabilidade da mescla de verso e prosa, segundo o exemplo de Shakespeare, o fato de que "toda inovação deve ser intentada por alguém que já tenha um nome e simpatias que com mais ou menos probabilidade lhe garantam o sucesso", pois o malogro traz péssimos resultados, não tanto para o autor, mas para a arte. Aqui, ao pretender verificar o que não fez, deixa de ver o que fez: poesia. Seu drama é eminentemente poético; muitas das suas personagens se exprimem musicalmente, poeticamente, ainda que suas falas não apareçam, no texto, alinhadas em versos. Ao identificar "poesia" com "metrificação", deixou de ver o que havia feito. E isto, apesar de, no mesmo *Prólogo*, reconhecer que "a prosa do Sr. Herculano é verso" e o "verso do Sr. Garret é prosa"; apesar de, ao falar de como reuniu suas personagens, ter dito:

(...) impelir uns sobre outros, *fazer brotar a dor e a poesia do choque de todas essas almas*, e do choque das paixões o drama (o grifo é nosso).

Gonçalves Dias colocou em epígrafe, no seu *Prólogo*, o Prólogo da *Comédia de Bristo:*

Contentar a todos ninguém o alcançou, muitos se contentaram com aprazer a muitos. O autor tomará por grande honra satisfazer a poucos.

Foi ele sincero ao traduzir a modéstia das suas aspirações? Ou cego quanto ao real valor de sua peça? Porque, na realidade, *Leonor de Mendonça* agradou e vem agradando a muitos por suas humanas e complexas personagens, sua linguagem poética, sua sobriedade e elegância. Se ele, no seu *Prólogo*, lucidamente viu o que fez e o que não fez, *não pôde ver tudo o que fez*: uma obra-prima do Teatro Brasileiro, não apenas romântico, e uma das melhores peças históricas em língua portuguesa. Mas só o tempo criaria o clima propício para fazer ressaltar o lídimo valor de *Leonor de Mendonça*.

… IV. O TEATRO DO SÉCULO XX

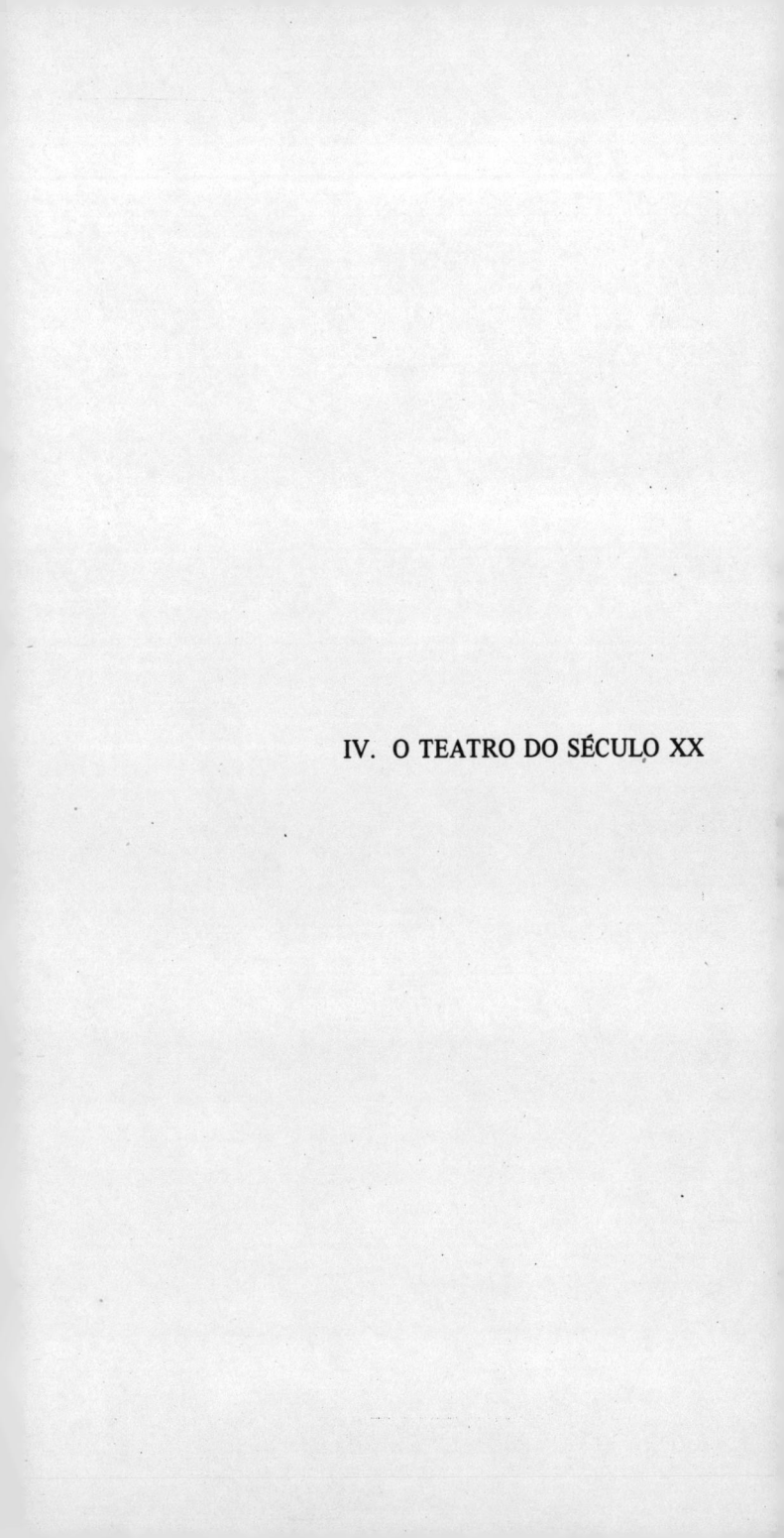

17. O ROMEU DE PIRANDELLO*

Esqueci de viver; esqueci a ponto de não poder dizer nada, mas exatamente nada sobre minha vida, a não ser que eu não a vivi, mas que a escrevi[1].

Foi a resposta de Pirandello a Benjamin Crémieux, o tradutor de sua obra para o francês, ao ser interrogado sobre sua vida. E essas palavras podem dar, a uma pessoa menos avisada, a idéia de que ele teria dado corpo aos anelos, ter-se-ia realizado através de seus contos, romances e peças de teatro — autênticas formas de evasão.

Mas tal não ocorre; longe de possibilitar-lhe evasão, propiciou-lhe a literatura meios de exprimir seu próprio drama, a saber: sua dificuldade de viver, sua atroz dificuldade de viver realmente, uma vez que toda a sua obra, como disse um crítico,

* ("Suplemento Cultural" de *O Estado de São Paulo*, 29/04/1979, p. 4).
1. BOSETTI, Gilbert. *Pirandello*. Paris, Bordas, 1971, p. 22.

transpira a raiva impotente de viver e o sentimento trágico que nossa vida não é senão uma morte de todos os instantes[2].

É o pessimismo pirandelliano, que tem raízes no seu *eu*, fortemente alimentado pela influência de Schopenhauer, mas também o pessimismo siciliano, atávico portanto, e sobre o qual ele assim se manifestou, ao caracterizar a maior parte dos conterrâneos, que convivem com a dor, a desesperada solidão e o medo instintivo de viver:

> Quase todos os sicilianos têm um medo instintivo da vida e é por isso que se fecharam, se dobraram sobre si mesmos, satisfazendo-se com pouco, com a condição de que tenham segurança (...) Por todo o lado, há o mar que os isola, que os corta do mundo e os deixa sós; cada um deles é e se faz, ele mesmo, uma ilha; e saboreia sozinho algumas alegrias que pode ter, desde que as tenha; sozinho, taciturno, sem procurar reconforto, suporta a própria dor, uma dor freqüentemente desesperada[3].

"Medo da vida", disse ele. Mas "medo da vida", dizemos nós, é também medo das "forças incontroláveis", forças que escapam ao controle consciente, e que ele mesmo reconheceu existirem no homem, tendo confessado a Vittorini:

> Há emoções e atos que são incontroláveis porque a natureza de nossa personalidade é incerta[4].

Afinal, aluno da Universidade de Bonn (1889-1892), tendo se apaixonado por Schopenhauer, de quem recebeu forte influência, e atraído pelo pensamento de Bergson sobre a complexidade do *eu*, seu caráter cambiante e a tensão das forças contraditórias, adquiriu Pirandello uma dimensão filosófica, legando-nos uma obra de "escritor filósofo", segundo suas próprias palavras no Prefácio de *Seis Personagens à Procura de Autor*. Se há escritores "historiadores", que desejam apenas contar uma história, há, diz-nos ele, os que,

> além do prazer de contar, sentem uma mais profunda necessidade espiritual e não admitem personagens, peripécias, paisagens, senão quando imbuídas, se podemos assim dizer, de um sentimento particular de vida que lhes confere um valor universal. São os escritores *filósofos* por natureza. Tenho a infelicidade de pertencer a esta segunda categoria.

---

2. *Op. cit.*, p. 22.
3. PIRANDELLO. "Saggi". In: *Opere*, Milano, Mondadori, 1965, pp. 435-6.
4. ESSLIN, Martin. "Pirandello, le maître des masques nus". In: *Au-delà de l'Absurde*, Paris, Buchet/Chastel, 1970, p. 76.

"Infelicidade", segundo ele; "felicidade", segundo os admiradores que vêem a sua obra como o produto de um notável espírito filosófico. Obra, no entanto, que pode ser encarada como a manifestação de uma personalidade obsessivamente habitada por imagens oriundas das camadas mais profundas do seu *eu*. E é assim que tentaremos compreender a peça que ora atrai nossa atenção: *Não se Sabe Como*, título pleno de misteriosas sugestões[5].

Criança infeliz, fruto de um lar desunido; adolescente sensível, em choque com o meio familiar e, mais especialmente, com seu pai, desde que o surpreendeu em adultério, numa imagem que o perseguirá até mesmo durante a idade adulta e que se faz presente em muitas de suas obras, Pirandello é, de início, vítima do complexo de Édipo; e, após a morte do pai, vítima de sentimento culposo. É a neurose pirandelliana, salientada, entre outros autores, por Jonard, que chegou, por exemplo, a confrontar dados biográficos com o texto da novela *Retorno*.

Esta neurose foi apontada em várias outras novelas, pela dupla manifestação freudiana: obsessão com o poder absoluto do sexo (é a bestialidade masculina de *A Rosa;* é a fraqueza feminina de *O Turbilhão*) e, ao mesmo tempo, acentuada aversão por tudo o que é sexo — a peça *Não se Sabe Como* ilustraria tal característica, diz Jonard[6]. É realmente a peça do adultério, da força incontrolável do instinto, da inconsciência da culpa; peça que tem, portanto, suas origens na figura do pai do dramaturgo, cuja atitude feriu ao sensível adolescente. Mas, peça que, em meio à vasta obra, representa, como veremos mais adiante, o papel de redenção: estamos diante de um Pirandello redimindo-se de seu ódio ao pai.

A peça, que foi encenada pela Companhia de Giulio Bosetti no ano passado aqui em S. Paulo, apresenta, sem dúvida, ao lado da aversão assinalada por Jonard, o poder selvagem do instinto, se bem que outros temas ou problemas lá estejam latentes, refletindo as constantes preocupações pirandellianas, tais como: inocência e culpabilidade; responsabilidade e irresponsabilidade; vontade e fatalidade; realidade e ilusão; loucura e normalidade. É o Pirandello, na sua totalidade, numa impressionante diversificação temática.

---

5. *Non si sa come*. In: *Maschere Nude*. Vol. Quarto, Milano, Mondadori, 1949, pp. 85-157.

6. JONARD, N. L'amour, la femme et la société dans l'oeuvre narrative de Pirandello. *Revue des études italiennes*, Janv-mars, 1966, p. 19.

Nesta peça, que tem antecedentes literários numa novela sua, deparamo-nos com a loucura do Conde Romeu Daddi, ao tomar consciência de sua infidelidade: numa tarde, estando ausentes a esposa — Bice — e o amigo Giorgio, oficial de marinha, teve ele com Ginevra, esposa do amigo, um breve caso amoroso, sem que mediasse qualquer premeditação e sem maiores conseqüências, no momento. Atraídos e arrastados num "turbilhão", depois não compreendem o porquê de tal ato, principalmente Romeu.

Se à consciência de ambos não aflorou, na ocasião, nenhum resquício de culpabilidade, como se nada tivesse acontecido, como se ninguém tivesse traído e como se ninguém tivesse sido traído, logo depois, porém, é Romeu assaltado pelo que os outros rotulam com o termo "loucura" — tema pirandelliano por excelência e que aqui tem um valor particular.

Ele, o louco, vai preocupar-se com consciência, culpabilidade, responsabilidade, enquanto Ginevra, a normal, não se altera com o ocorrido, permanecendo na mais completa amoralidade, para não dizermos imoralidade. Explode nele, sem que possa sufocá-la, a nítida sensação de sua até então monstruosa inocência, ao ignorar a falta cometida. Angustiado pela traição à mulher e ao amigo, necessita resgatar sua culpa e assim obter a paz interior, tentando extrair da própria esposa, inocente, mediante uma espécie de implacável inquisição, a desejada confissão de que também ela foi infiel. Sua culpabilidade, antes ausente e depois reprimida, se exterioriza num ciúme incontrolado, que vai do interrogatório à tortura mental, cavando abismos. Tenta ele ganhar a confissão da mulher, a fim de, com isso, perdoá-la e perdoar-se; procura minimizar sua culpa, encontrando-a nela, nos outros, pois se todos são culpados, ninguém o é; a transgressão admitida se torna uma norma. Martiriza-o a idéia de que possa ser arrastado ao crime "sem saber como" e continuar, apesar de tudo, a sentir-se puro e inocente como se sentira até há pouco.

Recorda então, e só então, após mais de trinta anos, um crime que cometera na infância: matara, sem querer e sem também medir as conseqüências, um menino que tentava exterminar um lagarto; matara, sem noção do que fazia, apenas por ter-se interposto para evitar a morte do animal.

Foi esse crime intencionalmente criminoso, esse crime cometido na inocência? É o que indaga Romeu, balançando-se entre culpa-inocência, responsabilidade-irresponsabilidade — inquietações pirandellianas visíveis em várias narrativas, e em especial em *Cinci*, em que surgem como protagonistas dois meninos, sendo um deles o sensível Cinci que, para evitar a morte de um lagarto, ocasiona a morte do outro, com uma pedrada. É o álibi da inconsciência para furtar-se à responsabilidade?

Narrando o fato da infância às outras personagens, Romeu, o inocente criminoso, diz, poeticamente, que ao ver "aquela incrível imobilidade silenciosa do campo sob o luar, aquele menino que jazia com o rosto meio-oculto na terra", sentiu "crescer formidável, a sensação de uma eterna solidão, da qual devia fugir rapidamente", exclamando: "Não tinha sido eu: eu não o quis, eu não sabia nada", pois fora apenas "um sonho deixado lá, sob a lua".

Obstinado em obter a confissão da culpa da mulher, provoca-lhe a suspeita e é levado a admitir a própria falta, sem que isso traga nenhum alívio, pois não recebe a desejada confissão que minimizaria o seu ato. Com isso, provoca também suspeitas de Giorgio, embora as duas mulheres tentem desviá-las; e, no final, após ter a tensão atingido o seu clímax, e quando parece que tudo será contornado, Romeu, "como por um irresistível chamado da consciência que não pode aceitar um tal fim" (diz a rubrica), lança a Giorgio as palavras que farão com que este, o "homem normal", o oficial "honrado" o mate, com um tiro:

> Giorgio, também ela, sua mulher, como em sonho, foi minha. Não o quis, nem eu o quis. Você pode punir-nos?

"O delito inocente", a que Romeu se referia, tinha de receber a devida sanção. Romeu é, como disse um crítico,

> o lugar de um combate entre sua consciência e o animal que se revela, no final das contas, ser o anjo[7].

Ambivalente, dilacerado entre forças contraditórias, incapaz de conciliá-las, a não ser pela morte, é Romeu uma personagem trágica, opondo-se aos que o rodeiam: a Ginevra, com sua "reação de defesa inconsciente"[8]; à esposa, que, por amor, conscientemente compreende ou tenta compreendê-lo; a Giorgio que, com o gesto assassino, resultante de seu pensamento em termos de fidelidade, respeitabilidade, ignora o alcance das preocupações do outro — a presença do destino, do acaso, da fatalidade, que pode, "não se sabe como", derrubar um homem, desviar o curso de sua existência. Fatalidade que explode na alma de Romeu e que o obriga a mirar-se e a reconhecer-se tal como ele não gostaria de ser: frágil, vulnerável, cambiante, e que procura, na

---

7. GÉNOT, Gérard. *Pirandello*. Paris, Seghers, 1970, p. 115.
8. *Op. cit.*, p. 115.

inabalável coerência do louco, através da morte, escapar do impasse criado por sua incapacidade de pôr em harmonia atos controlados e incontroláveis.

Se Romeu é uma personagem, a consciência também o é, e mais importante. É ela que, despertando e despertando-o, põe a ação em movimento; e cada um — Romeo, Bice, Giorgio e Respi (o admirador de Bice) — tem uma visão particular do acontecimento, quer das causas, quer das conseqüências, num diálogo que transmite sutilmente as diferentes posturas, graças às perguntas, aos subentendidos, às semiconfissões, aos duplos sentidos ou às nervosas falas de Romeu, reveladoras de uma torturada introspecção. É a inimitável arte pirandelliana, nem sempre suficientemente reconhecida, apesar de todo o êxito que cercou e cerca o dramaturgo.

Mas reportemo-nos ao que dissemos no início e, numa linha psicanalítica, podemos reconhecer que, nesta peça, encontramos Pirandello enfrentando e solucionando seu ódio ao pai adúltero. Se o pai — agora já morto — enganava inocentemente, inconscientemente e irresponsavelmente a mulher, Romeo também trai a mulher e põe a máscara do esquecimento, como a pusera durante a infância, por ocasião do crime involuntário. Mas a personagem, após torturar-se, procura ser morta, numa necessidade de autopunição: sua morte é, sob forma de assassínio, autêntico suicídio, o que não se verificou com o pai do dramaturgo. É como se Pirandello viesse, através da criatura de ficção, dar uma lição ao pai, ou antes, apresentá-lo idealisticamente, com traços de responsabilidade e moralidade.

Entre o Pirandello jovem, vítima do complexo de Édipo, que desejara a morte paterna, arrependendo-se depois, e o Pirandello velho, que viveu e melhor compreende e tolera as fraquezas humanas, há todo o longo caminho da vida de um homem. E é assim que, nesta peça, uma das últimas (encenada em Roma, em 1934), não só compreende como perdoa ao pai; e, com isso, perdoa a si próprio, seu julgamento excessivamente rigoroso. Redime-se, conferindo ao adúltero uma imagem embelezadora, uma vez que o vê em busca de uma espécie de purificação, que é encontrada através do assassínio-suicídio. Permite-lhe a autopunição, a redenção de sua culpa, numa ânsia de pureza que o eleva; ao mesmo tempo, desculpa-o, reconhecendo a existência, no homem, de forças incontroláveis, que lhe anulam a responsabilidade, pois segundo suas palavras já citadas no início:

Há emoções e atos que são incontroláveis porque a natureza de nossa personalidade é incerta.

18. LEONARDO, OU EM TORNO DE UM NOME DE
*BODAS DE SANGUE**

A linguagem poética de Lorca tem sido alvo de vários pesquisadores preocupados com bem penetrar a obra, saturada de misteriosas sugestões. Analisam-se os diferentes tipos de metáforas, símbolos, alegorias e outros procedimentos poéticos presentes em Lorca, desde o início de sua carreira. Mas as transposições metafóricas, os símbolos e outros, freqüentes em *Romancero Gitano* e demais coletâneas, não poderiam deixar de ecoar no teatro e, portanto, em *Bodas de Sangre*, cujo título carregado de forte e intensa dose de ambigüidade poética tem sido constantemente elogiado[1]. O teatro, para Lorca, é poesia, mas poesia dramática; seu caráter poético não consiste apenas no valor lírico dos versos ou poemas intercalados em sua obra, mas também

---

* ("Suplemento Literário" de *O Estado de São Paulo*, 23/9/73, p. 5).
1. *Bodas de Sangre*. In: *Obras Completas*. Madrid, Aguilar, 1960, pp. 1081-182.

na substância dramática — recriação ou invenção de vidas apresentadas em sua dimensão estética.

O título *Bodas de Sangue* é, como dissemos, saturado de poesia; portanto, ambíguo, ambivalente. Pode-se pensar, de início, que ele se deve ao fato de as bodas terminarem em dupla morte, com o derramamento de sangue: a do Noivo e a de Leonardo, que fugiu com a Noiva, em pleno dia do enlace. Mas pode-se também entender por *Sangue* a parte instintiva e vital do homem, que aproxima impulsiva e incontrolavelmente Leonardo e a Noiva, fazendo-os esquecer as posições sociais e deveres assumidos: ele, casado e pai; ela, Noiva, em vias de tornar-se Esposa. É o sangue, esta força contida, este impulso refreado que, não mais podendo ser sufocado, explode, rompendo com todas as convenções e derramando-se nas mortes finais. Bodas de Sangue, no sentido literal; mas também Bodas dos Instintos que, manifestando-se tardiamente, levam à morte.

Os lenhadores, essas personagens ambientadoras que, no bosque, cortando árvores, sugerem o corte de vidas, esses lenhadores aparecem dialogando, e suas palavras bem traduzem a *inclinação* irresistível que leva Leonardo e a Noiva à fuga e, conseqüentemente, à morte física do primeiro e à espiritual da Noiva, condenada à solidão. Lemos:

— Hay que seguir la inclinación: han hecho bien en huir.
— Se estaban engañando uno a otro y al final la sangre pudo más.
— ¡La sangre!
— Hay que seguir el camino de la sangre.
— Pero sangre que ve la luz se la bebe la tierra.

E, satisfazendo essa inclinação, *que pode mais, o Sangue vê a luz* e traz a morte porque *a terra o bebe*.

O título, como se vê, já traduz poeticamente o drama que se desenrola entre personagens designadas, não por nomes próprios, mas por papéis sociais: Noiva, Noivo, Mãe (do Noivo), Pai (da Noiva), Mulher e Sogra (de Leonardo), salvo uma única indicada nominalmente — Leonardo —, que está assim individualizada.

Valendo-se da riqueza simbólica da linguagem lorquiana, desenvolveu um autor a idéia que o conflito dramático da peça pode ser traduzido no confronto entre duas forças antagônicas:

o Indivíduo — Leonardo
a Sociedade — todas as demais personagens.

As personagens, dentro de seus papéis sociais, obedecendo às normas da sociedade, impedem ou querem impedir Leonardo de dar livre curso às suas tendências e impulsos, ao *Id*, força vital que deve permanecer soterrada. Leonardo é o indivíduo que não aceita a limitação do próprio ser à mera função social: daí ser dotado de nome.

Mas por que Lorca escolheu o nome *Leonardo?* Foi o que nos perguntamos, pensando em algumas explicações que vêm aqui expostas. Em meio à longa lista de nomes que se lhe apresentava, por que se fixou em Leonardo? Por sua força e sonoridade? Por sua etimologia? Ou por aquilo que o nome sugere, poeticamente?

A etimologia do nome Leonardo, segundo Antenor Nascentes, é a seguinte: "Adaptação do alemão *Leonhard*, formado de *Lowe* (latim *leo*) leão e *hard*, forte, *leão forte,* ou *forte como leão*". Ora, talvez Lorca tenha escolhido, inconscientemente, o nome: mas o *leão é força* e, num dos seus célebres poemas — "Llanto por la muerte de Ignacio Sanchez Mejías" —, ao descrever a força do toureiro morto na arena, diz, associando *leões* com *rios:*

> Como un río de leones
> su maravillosa fuerza[2].

O nome pode, porém, levar-nos muito mais longe ainda, poeticamente, dentro do próprio contexto lorquiano. No mesmo poema acima citado, ao pintar as qualidades do toureiro, Lorca usa não apenas *leones*, mas também *nardo*, um pouco mais adiante; donde, *Leonardo*. Diz ele:

> Como un río de *leones*
> su maravillosa fuerza,
> y como un torso de mármol
> su dibujada prudencia.
> Aire de Roma andaluza
> le doraba la cabeza
> donde su risa era un *nardo,*
> de sal y de inteligencia.   (O grifo é nosso).

O poeta Lorca, como todo bom andaluz, está aderido à sua terra, valendo-se sempre da natureza animal e vegetal. Ortega y Gasset, falando das características andaluzas, assim se expressa:

É indizível quanta fruição extrai o andaluz de seu clima, de seu céu, de suas manhãzinhas azuis, de seus crepúsculos dourados. Seus prazeres não são interiores, espirituais, nem fundados em supostos históricos (...) O andaluz tem um sentido vegetal da existência[3].

---

2. "Llanto por Ignacio Sánchez Mejías". In: *Obras Completas*, pp. 465-73.
3. ORTEGA Y GASSET, citado por FLYS, Jaroslaw M. *El lenguaje poético de Federico García Lorca*. Madrid, Gredos, 1955, p. 21.

Assim, Leonardo parece-nos ser a Natureza, com a associação de elementos dos dois mundos: o animal e o vegetal. *Leo* — animal bravio, impulsivo, selvagem. E isto é a personagem: um ser impulsivo, instintivo, selvagem, que não quer curvar-se às imposições de um papel social: marido. É o instinto, a inclinação. E *nardo*, planta que assim aparece descrita pelo *Diccionario de la Real Academia Española*:

da família das liliáceas, com talo simples e direito, folhas radicais, lineares e prolongadas, as do talo em forma de escamas e flores brancas, muito perfumosas, especialmente à noite...

E conotamos "essas flores brancas e perfumosas especialmente à noite" com a paisagem noturna de Andaluzia, aureolada de sonho e sensualidade, servindo de moldura aos encontros amorosos de Leonardo e a Noiva. Assim, *Leonardo* seria a terra, com seu mundo animal e vegetal: o instinto, selvagem, indomável, que se embriaga nas noites perfumadas e sonhadoras de Andaluzia, pela presença dos nardos. Ou melhor ainda, para a Noiva, é ele o leão que, com sua força, traz o perfume do nardo.

Lendo *Bodas de Sangue*, deparamo-nos com grande número de metáforas construídas com elementos da natureza. A mulher e a Sogra de Leonardo, embalando a criança, dizem, afetivamente:

"Duérmete, *clavel*"
"Duérmete, *rosal*".

A Mãe do Noivo, ao saber da morte do filho, diz desesperada: "Mi hijo es un *brazado de flores secas*", e ainda "Yo haré con mi sueño una *fría paloma de marfil* que lleve *camelias de escarcha* sobre el camposanto". E a Noiva, diante da Mãe do Noivo, justifica-se nestes termos: "tu hijo era un *poquito de agua* de la que yo esperaba hijos, *tierra*, salud: pero el otro (Leonardo) era un *río oscuro*, lleno de *ramas* que acercaba a mi el rumor de *juncos*" e seu braço "me arrastró como un *golpe de mar*, como *la cabezada de un mulo*..." Ora, se a criança, na sua fragilidade e frescor, é um cravo, uma rosa; se o morto é uma braçada de flores secas; se Leonardo, para a Noiva, é um rio escuro, cheio de ramos, que dela se aproxima com rumor de juncos, por que o nome *Leonardo* não poderia sugerir, poeticamente, o animal (*leão*) e o vegetal (*nardo*) porque isto seria ele para ela?

Rastreando o aparecimento do *nardo* na poesia lorquiana, chegamos à conclusão de que é ele bem freqüente, e com um valor simbólico. Aliás, não só o nardo, mas também outras flores surgem no mundo poético do autor, havendo uma *linguagem das flores*, que não constitui em si, reconheçamos, nenhuma originalidade. Por causa de sua cor, têm tido elas valor simbólico, aproveitando o poeta esta herança popular. E seus versos apresentam:

> Rosa — símbolo da paixão do amor.
> Cravo — também paixão (paixão varonil, freqüentemente).
> Lírio — serenidade (às vezes, também frieza).
> Nardo — sonho, tendo Lorca escrito:
> "Supe del ensueño por boca del *nardo*"[4].

Mas o *branco* das flores do nardo, associado aos encontros proibidos de Leonardo e da Noiva, pode ser ainda conotado com *o anti-social*, se considerarmos que, na peça, *é o preto* o representante do *social*, isto é, para os atos sociais de pedido de casamento, de cerimônia de casamento, é *o preto* que aparece através das roupas das personagens. A Noiva, naquela época, segundo a tradição das famílias do campo de Andaluzia, ao contrário do usual em outras regiões, levava vestido negro, no dia da celebração das bodas; e a Mãe do Noivo (na peça) também se apresenta de preto para o pedido oficial. Dois atos sociais, com preto. Para o *não social, o branco*[5].

O instinto animal, o não social dos encontros amorosos de Leonardo com a Noiva, em meio à natureza perfumada pelos nardos (embora não estejam mencionados na obra), de maneira a fazer com que ele fosse *Leão* e *Nardo* parà a jovem, parece ser uma possível explicação poética do nome da única personagem individualizada.

Poder-se-ia talvez simplificar, dizendo que Lorca apenas criou um caso de conflito amoroso. E o nome *Leonardo* — formado de elementos dos dois mundos, ambos perecíveis — sugeriria, desde o início, a sua morte, repousando a tragicidade de Lorca no finito de tudo o que tem vida. Mas e o Noivo? Também é destruído. Se não, poder-se-ia defender a tese: os papéis sociais continuam; o indivíduo perece.

Uma última explicação — dramatúrgica — partindo da designação das funções dramáticas usadas por Etienne Souriau, viria, por coincidência, reforçar parte de nossas suposições, no

---

4. FLYS, Jaroslaw M. *Op. cit.*, pp. 154-5.
5. GONZÁLEZ, Mario Miguel. Tese de Doutoramento defendida na FFLCH, da USP.

que diz respeito ao nome da personagem. Leonardo seria o *Leão* que "orienta dinamicamente" — para usarmos as mesmas palavras do autor — "todo o microcosmo teatral"[6]. Leonardo, o "Leão ou a força temática", de quem depende o conflito, conflito entre: Indivíduo (daí seu nome) e Papéis Sociais.

Resta perguntar: Como Lorca chamaria a Noiva — papel social — após sua fuga com Leonardo?

---

6. SOURIAU, Etienne. *Les Deux Cent Mille situations dramatiques.* Paris, Flammarion, 1950, p. 83.

19. INÊS DE CASTRO NO TEATRO DE MONTHERLANT*

Não são poucas as figuras históricas que, embelezadas e enriquecidas pelas lendas, foram evocadas em poemas ou se tornaram protagonistas de romances ou de peças de teatro. Entre elas, sobressai Inês de Castro, aquela que "depois de morta, foi rainha", inspiradora de centenas de cantigas, elegias, romances e tragédias.

O velho cronista Fernão Lopes nos conta os fatos: a bela Inês, em 1340, chega a Portugal, como dama do séquito da Infanta Constança, mulher de D. Pedro, filho de Afonso IV. Inês e Pedro, mutuamente atraídos, unem-se e têm filhos. Morre a Infanta, mas esta morte não favorece a aliança do casal. Ao contrário, precipita intrigas da corte que levam, por razões de Estado, ao sacrifício de Inês, apunhalada às margens do Mondego, em Coimbra, na que mais tarde foi chamada "a quinta das lágri-

* ("Suplemento Literário" de *Minas Gerais*, 15/1/1977, pp. 6-7).

mas". Esta é a trágica história. Fazia-se necessária uma reparação, que veio com a lenda. Poética intenção compensadora visualizou D. Pedro já rei, castigando até a morte os algozes da amada e mandando desenterrá-la para que fosse coroada rainha. Assim, "depois de ser morta, foi rainha", diz Camões. E o mosteiro de Alcobaça abriga a sepultura do real par amoroso e de sua prole, que desperta, apesar do tempo transcorrido, intensa emoção naqueles que se detêm para contemplá-la. Foi o que sentiu Unamuno, exprimindo-se nos seguintes termos, em *Por Tierras de España y Portugal:*

> En mi vida olvidaré esta visita. En aquella severísima sala, entre la grave nobleza de la blanca piedra desnuda, a la luz apagada y difusa de una mañana de Otoño, las brumas de la leyenda embozáronme el corazón. Una paz henchida de soledades parece acostarse en aquel eterno descansadero. Allí reposan para siempre los dos amantes juguetes que fueron del hado trágico. Como aves agoreras veníanme a la memoria los alados versos de Camões al contemplar el túmulo (...) Descansan en dos pétreos túmulos Pedro el duro, el cruel, el justiciero, el loco tal vez, y la linda Inés, y descansan de tal modo que, si se incorporaran, daríanse las caras, y podrían otra vez beberse una a otro el amor en los ojos.

Tema tão intensamente poético, é óbvio, não poderia deixar de atrair um número considerável de escritores, tendo havido versões e refundições já estudadas por eruditos autores. Vamos, no entanto, fazer apenas referência à primeira obra poética que, numa associação de história e lenda, cultua a lembrança de Inês, vítima do seu trágico amor. Trata-se do poema de Garcia de Resende, no *Cancioneiro Geral* (1516), intitulado "Trovas que Garcia de Resende fez à morte de Dona Ynes de Castro... endereçadas has damas". Aqui já aparece a figura do Rei Afonso, opondo-se de início aos conselhos dos cortesãos, mas aceitando-os por fim e condenando Inês à morte, apesar de que ela tenta defender-se, tirando partido de sua situação de mãe, além de mulher. Vêmo-la também coroada, postumamente, por D. Pedro:

> Fez alçar por rainha
> sendo morta. . . . .

e, no final do poema, os dois trágicos amantes já representados no Panteão de Alcobaça; a esta emocionante presença referiu-se também tão inspiradamente Unamuno, em texto há pouco por nós transcrito.

Caberia, no entanto, a Camões a magistral evocação de Inês, em versos de lirismo tão terno, tão delicado, mas tão dilacerante que a imortalizaram. (*Lusíadas*, Canto III, Oitavas CXVIII e CXXXVI):

> Estavas linda Inês posta em sossego
> De teus anos colhendo o doce fruito,
> Naquele engano da alma ledo e cego,
> Que a fortuna não deixa durar muito.
> Nos saudosos campos do Mondego,
> De teus fermosos olhos nunca enxuito,
> Aos montes ensinando e às ervinhas
> O nome que no peito escrito tinhas

É Inês de Castro, viva e feliz. Mas já morta, vêmo-la:

> Secas do rosto as rosas, e perdida
> A branca e viva cor, co'a doce vida,

o que faz com que toda a natureza trema, participando da catástrofe:

> As filhas do Mondego a morte escura
> Longo tempo chorando memoraram,
> E por memória eterna em fonte pura
> As lágrimas choradas transformaram;
> O nome lhe puseram, que inda dura,
> Por amores de Inês que ali passaram
> Vede que fresca fonte rega as flores,
> Que lágrimas são a água, e o nome amores.

Amor e morte. Isto é Inês de Castro e D. Pedro. E são também Tristão e Isolda; Paolo e Francesca; Romeu e Julieta. Amores fatais, reais ou fictícios, amores inseparáveis da morte, como se o impulso erótico só pudesse levar às trevas para além da vida. Mas entre tantas figuras infelizes, a da galega, aquela doce figura feminina sacrificada por seus fatídicos amores com o Infante D. Pedro tem atrativo especial, tal a força dramática e o comovedor encanto que desprendem do fato histórico e lendário.

O teatro não poderia desprezar matéria tão rica em forma dramática: inocência, delicadeza, interesses particulares, amor, associados à crueldade, violência, interesses de Estado e morte. E foi o que aconteceu, tendo sido um português, Antônio Ferreira (1525-1580), o primeiro cantor de Inês de Castro, em peça de linha clássica: *Castro*, que é um dos mais altos momentos do lirismo dramático português. Contemporânea das primeiras tragédias renascentistas — *Sofonisba*, de Trissino (1515); *Rosmunda*, de Rucellai (1516); *Cleópatra*, de Jodelle (1522), entre outras — é-lhes, no entanto, superior por ter levado para o teatro um episódio da história portuguesa, em vez de limitar-se à acadêmica pintura de mitos clássicos, e por ter sido responsável pelas múltiplas versões que invadiram os palcos lusitanos, nos séculos XVIII e XIX, desde os árcades Manuel de Figueiredo e

Reis Quita até os pós-romanticos Lopes de Mendonça e Marcelino Mesquita. Mas antes saiu o tema de Portugal, indo para o país vizinho, graças ao espanhol Frei Jerônimo Bermúdez, professor de Teologia da Universidade de Salamanca, que viu a representação de *Castro*, durante o tempo em que viveu em terras portuguesas. É o autor de *Nise Lastimosa* (editada dez anos antes da impressão de *Castro*, segue-lhe, no entanto, as pegadas, sendo considerada por muitos pura imitação, ainda que Carolina Michaelis a tenha definido como *tradução livre*) e de *Nise Laureada* (mais original, ainda que de menor valor artístico, pois com ela foi introduzido no teatro o tema da vingança de D. Pedro e a coroação póstuma de Inês), dando origem a uma série de peças que tem como protagonista a rainha morta. Lope de Vega, o criador do Teatro Nacional Espanhol, teria tratado o assunto, em obra extraviada, mas cujo título — *Doña Inés de Castro* — consta na relação das suas obras, na segunda edição de *El Peregrino de su Patria* (1618); Mexía de la Cerda, na *Tragédia Famosa de Doña Inés de Castro, Reina de Portugal* (obra de excessivo dinamismo e complicação, que respondia ao gosto do irrequieto público da época); Vélez de Guevara, em *Reinar después de morir* e, para evitarmos a fria e monótona enumeração de autores e títulos, num grande salto do século XVII ao XX, vamos encontrar, na França, Henry de Montherlant, com *La Reine Morte* (foi seu ilustre antecessor o romântico Victor Hugo)[1]. Lista incompleta, mas elucidativa quanto à perenidade do tema e à sua marca nos espíritos sensíveis.

Autor de numerosos romances e ensaios, iniciou Montherlant sua carreira de dramaturgo com esta peça escrita em linguagem clara e pura, numa linguagem clássica, que lhe tem valido os ataques de muitos críticos teatrais. É *teatro literário*, dizem, atribuindo a tal classificação um sentido pejorativo, pois há apenas a supremacia da palavra. É *teatro psicológico*, dizem ainda, entendendo como tal um ultrapassado psicologismo. Realmente, é *teatro literátio*, por fazer com que suas personagens — de classe elevada, aliás — se expressem com clareza e elegância; é *teatro psicológico*, por fazer a análise da alma, uma vez que, para Montherlant, uma peça de teatro não o interessa senão quando

a ação reduzida à sua maior simplicidade, não é senão um pretexto para a exploração do homem; se o autor aí se deu por tarefa não de imaginar e construir mecanicamente uma intriga, mas de exprimir com o máximo

1. MONTHERLANT, Henry de. *Théâtre*. Paris, Gallimard, Bibl. de la Pléiade, 1972, pp. 101-204.

de verdade, de intensidade e de profundidade um certo número de movimentos da alma humana[2].

Não concebe um teatro que não seja psicológico, tipo tão desprezado pelos dramaturgos do *nouveau théâtre*. O que para estes é antiqualha, esclerose da arte cênica, para ele é excelência, a única forma digna de ser abordada. É *teatro tradicional*, sem as novidades formais do *nouveau théâtre*, visto que se inscreve sobretudo na linha dos clássicos franceses do século XVII: Corneille e Racine.

Mas vejamos as circunstâncias em que foi composta *A Rainha Morta*. Foi o administrador da "Comédie Française", Jean-Louis Vaudoyer, que, em 1941, para prover o teatro com peças que não lhe causassem problemas com os nazistas, apresentou ao dramaturgo uma coletânea de quatorze peças antigas espanholas, entre as quais a de Vélez de Guevara. Inicialmente, pensou Montherlant em adaptá-la ao francês, mas ponderando a respeito, não se sentiu muito entusiasmado: "Reinar. — Não. É uma armação que eu poderia conservar mas modificando tudo o que há dentro, tanto os caracteres como o diálogo. Ora, estas situações estão muitíssimo distantes do que eu posso alimentar com o meu *eu*. Um rei que mata a mulher que se opõe à boa constituição do reino! Um príncipe diante de sua mulher morta! E que haja tão pouco a ser tomado de Guevara; que se trate, sem nada acrescentar, de substituir uma criação minha à sua". E, no meio da noite, ao despertar, declara o autor, percebeu que cada uma das personagens da peça espanhola se tornava o porta-voz de um dos seus *eus:*

> Sentia nelas afluir o sangue que de mim saía. A Infanta se tornava doente de orgulho, porque assim fui eu em certos períodos de minha juventude. O rei, cujo caráter está apenas esboçado em Guevara, tomava forma, moldado com momentos de meu *eu*. Inês não era mais a mulher que deu à luz, mas uma mulher que espera um filho porque aí havia matéria humana que senhoras amigas minhas me haviam tornado familiar[3].

Houve então o que se poderia chamar de fenômeno catalítico. Montherlant vai refazer a peça de Guevara, conservando apenas alguns dos elementos de seu esqueleto. E eis o surgir de uma peça original, em prosa, baseada num tema já tratado e retratado e, mais especialmente, numa obra espanhola do século XVII que ele acabava de conhecer. As principais personagens,

---

2. *Op. cit.*, p. 1376.
3. *Op. cit.*, pp. 179-80.

a intriga, certos nomes foram conservados; por outro lado, houve profundas modificações, como a supressão de cantos e da figura do "gracioso", características do Teatro do Século de Ouro Espanhol, havendo ainda maior profundidade no tratamento das personagens.

Examinemos rapidamente a peça francesa, focalizando as cenas em que se defrontam as duas personagens:

Inês, a vítima X O Rei, seu algoz.

Em várias cenas, é óbvio, aparecem ambos, frente a frente: a primeira vez, na cena 5 do Ato I, logo após cena rica de poesia e ternura, em que o par apaixonado, alheio ainda à gravidade da situação, se entrega a manifestações de amor e felicidade interrompidas pela preocupação diante do futuro incerto. O Rei propõe a Inês que interceda junto ao amado para que se case com a Infanta de Navarra, e toda a feminilidade da jovem, seu amor e candura ressaltam ao confessar que está casada com Pedro desde o ano anterior, fato que determina da parte do Rei, ordem de prisão do Príncipe (fim do Ato). A segunda vez, na cena 3 do Ato II, quando já no início do Ato houve uma reunião do Rei e seus conselheiros que o incitam, em nome da razão de Estado, ao extermínio da jovem (cena de política, de filosofia, ao redor dos temas: a arte de mentir; a inutilidade das opiniões e a tentação irresistível de errar). Embora o Rei, fascinado pela figura de Inês, tenha se oposto a tão drásticas medidas, não as rejeitou completamente. Assim, ao haver o encontro com Inês, pela segunda vez, a situação é *aparentemente* a mesma, visto que a ameaça de morte aí está presente, mais forte, sem que a vítima, na sua ingenuidade, desconfie. Novamente, propõe o Rei que ela interceda junto ao amado — que agora está na prisão e onde ela deve ir visitá-lo — para convencê-lo a casar-se com a Infanta, tão logo se obtenha do Papa a anulação do casamento. Como vemos, o círculo trágico, sufocante, vai apertando os amantes, a confiante Inês, principalmente quando a Infanta, apesar de sua rival, vem avisá-la do perigo que está correndo. E a terceira vez que se encontram Inês e o Rei, ainda vivos, é na primeira cena do Ato III. Nesta, de início, Inês pouco fala; apenas ouve o Rei que, numa onda de sinceridade — da qual talvez se arrependerá —, fala do seu *eu*, repleto de angústias e pesadelos, o que o torna um rei de dor, e não um rei de glória. Interrompida por assuntos de Estado que solicitam a atenção do Rei, esta conversa será retomada, com resultados fatais. O Rei é informado da incursão dos mouros, assim como lhe é pedida a morte do oficial responsável, já que não soube evitar o desembarque dos inimigos. Alheia ao perigo, Inês, inocentemente, ouve as explicações do Rei sobre a não relação entre a culpabilidade do oficial e seu castigo, uma vez que a punição pertence à ordem da política e não da justiça (aqui foi vista alusão à atualidade francesa do momento). E, embora misteriosa sombra — a da Infanta — a aconselhe a fugir, ela permanece e confessa ao Rei que vai ser mãe, estalando o choque entre ambas personalidades, no que diz respeito à esperança, à fé, ao futuro, à vida. E, numa vertiginosa sucessão, vêm: a condenação à morte do oficial e a decisão da morte de Inês, logo após sua confiante saída.

E, só no final da peça, em cena espetacular em que as indicações cênicas falam de luzes e sombras, vão aparecer Inês e o Rei, já mortos. Trata-se de extraordinária cena silenciosa em comparação com o total da peça. Em meio a um impressionante silêncio, à sala onde o Rei acaba de morrer, e à qual acodem os cortesãos que o rodeiam, é então trazido o corpo de Inês. Deixando o Rei, que fica completamente isolado, um a um vai ajoelhar-se ao redor da morta. A realeza passou instintivamente dele para ela, já que D. Pedro vem pousar a coroa real sobre o ventre da amada.

Como vemos, criou Montherlant um clima profundamente trágico. Examinemos, porém, mais de perto, suas personagens. Inês, na criação montherlantiana, não é mais a mãe de dois filhos e sim a amante que aguarda o nascimento do primeiro filho, fato que a embeleza e como que a purifica, em certo sentido. É a amante que não pode viver sem seu amor, expresso não apenas em cenas em que se encontra com o Príncipe, em lídimos duetos amorosos, mas também em cenas com o Rei e a Infanta. Ouvimo-la proclamar, sem reservas:

Não! Não! Não posso mais estar em outra parte senão ao seu lado! Não importa em que condições, mesmo a mais miserável, contanto que eu não o deixe. E, se for preciso, morrer com ele ou por ele" (p. 150).

Amor cego, avassalador, desejando a jovem nele aniquilar-se e absorver-se:

Eu, eu gostaria de me enterrar no mais profundo do amor partilhado e permitido, como numa sepultura, e que tudo parasse, que tudo parasse... (p. 166).

Inês é *a amante* por excelência, mas também *a mãe*. O filho que ela traz dentro de si lhe é:

"O sonho de seu sangue"; "Ele é uma revisão ou antes uma segunda criação minha"; "eu o faço junto e eu me refaço. Eu o levo e ele me leva. Eu me fundo nele. Verto nele o meu bem" (p. 222).

É por isso que se opõe indignada ao Rei que lhe pinta sadicamente um quadro sinistro da maternidade, cheio de tristezas e decepções. Tão fascinada está pela maternidade que diz ao Rei:

> Creio que toda mulher que dá à luz pela primeira vez é, com efeito, a primeira mulher que põe um ser no mundo.

É como se ela fosse a primeira mãe do mundo e, no seu exaltado amor materno, visualiza o filho, já nascido e correndo ao seu lado:

> Parece-me vê-lo, dentro de cinco ou seis anos. Veja, ele acaba de passar correndo na terraça. Correndo, virou-se também. Meu rapazinho (p. 223).

Ela o vê, seus traços, seus gestos, de maneira que "a criança que vai nascer tem já seu passado" (p. 225), frase que ressoa tristemente diante da realidade da obra, pois essa criança e a sonhadora mãe não viverão, não terão futuro. São verdadeiros "cantos" de amor materno de beleza ímpar e o próprio Montherlant os considerava uma espécie de "tour de force" onde melhor e mais profundamente havia desdobrado seu virtuosismo para penetrar na psicologia de uma jovem futura mãe, virtuosismo que se revela nas variações com que trata o tema. As palavras de Inês, falando do filho ao príncipe D. Pedro, nos Atos II e III, não são as mesmas do Ato I. Sua expressão adquire novos matizes, de maneira que, se no Ato I dá a impressão de uma jovem que pensa, sonha, praticamente, com a maternidade, já a do Ato II transmite inclusive as sensações físicas da mulher, como que acusando o transcorrer do tempo e o amadurecimento da personagem diante de seu estado. E, no Ato III, quando fala do filho, não mais a Pedro, mas ao Rei, quando lhe revela seu segredo, há um transbordamento de amor materno. Às palavras decepcionantes do velho Rei que lhe predizem abandono, mediocridade, ela opõe sua esperança juvenil, sua fé na vida, num lídimo *hino de amor à vida, ao futuro*. Em toda esta cena explode a oposição entre a candura, a fé, a esperança, o amor de Inês, e a aspereza, o ceticismo, a desesperança, o desamor do Rei, cingindo a cabeça da protagonista com uma auréola de doçura impar. Uma Inês mãe de dois filhos — como na obra de Vélez de Guevara — não suscitaria talvez com igual intensidade a reação por parte de leitores ou espectadores. O filho que está para nascer a torna como que mais frágil, vulnerável aos golpes inimigos, despertando, conseqüentemente, maior simpatia e compaixão. Não só ela é assassinada, mas também o filho, que não chegará a ver a luz. Duplo crime de inocentes!

A Inês montherlantiana é toda amor e ternura, como nos antecessores; mas seu amor a Pedro é levado ao paroxismo, confundindo marido e filho num mesmo sentimento. Ela é *a amante-mãe*. A mãe não luta contra a amante. Antes se unem, visto que marido e filho se confundem num mesmo amor. O amor se desdobrará: conjugal e materno, quando nascer o filho. Enquanto isso, está disposta a tudo para defendê-lo, exceto optar pela própria vida e abandonar Pedro. Como vemos, esta criação francesa da infeliz galega deu-lhe uma nova dimensão. Montherlant, tal um Racine do século XX, soube fazer com Inês o que aquele clássico do século XVII fez com Andrômaca: embelezou-a, colocou-a numa esfera mais privilegiada.

Quanto a Pedro, Montherlant também o transformou, embora não lhe tenha dado a mesma dimensão. Se Inês não é ainda mãe, Pedro também não é viúvo, como o era na peça do dramaturgo espanhol ou na de Antônio Ferreira. E tais transformações visam a rodear o par amoroso de um halo de maior juventude e frescor; suas emoções e sentimentos são novos, inéditos. Mas, se em Vélez de Guevara, como notou um crítico, Pedro é o príncipe anódino que faz pensar no provérbio espanhol, segundo o qual "a ausência de defeitos não é uma qualidade", também em Montherlant essa personagem é o tipo do homem comum, sem contornos fortes. Falta-lhe fibra.

A duas personagens — além de Inês de Castro — deu, no entanto, Montherlant uma importância notável que não havia no seu antecessor: a Infanta e o Rei. Duas personagens estranhas, misteriosas, imprevisíveis. No dramaturgo espanhol, a Infanta, a noiva abandonada, dizia sutis ameaças a Inês e acentuava, pelo contraste, a doçura e a fragilidade da protagonista. No francês, a oposição continua. Se Inês, acaloradamente, lhe fala do amor ao Príncipe, ela responde com altivez:

Não há ser que valha a pena que por ele se morra;

ou, virilmente,

Não consegui ainda compreender como se pode amar um homem. Os que conheci, eu os vi, quase todos grosseiros, e todos covardes. Covardia: é uma palavra que me evoca irresistivelmente os homens (p. 150).

Se Inês é toda ternura, amor, fragilidade feminina, submissão ao ser amado, a Infanta é orgulho, altivez, vigor viril. E em toda a cena 5 do Ato II, erguem-se ambas, uma a outra oposta, salientando-se as diferenças. É o tradicional procedimento antitético, de seguro efeito teatral.

Empresta Montherlant a essa personagem reações bem estranhas, como, por exemplo, fazê-la sentir-se atraída pela própria rival. É por essa atração inexplicável que ela procura salvar Inês da morte, tentando levá-la consigo ao seu reino de Navarra. Altiva, arrebatada, indomável, esquisita, enfim. Toda a sua personalidade transpira estranheza e a linguagem bem traduz seus sentimentos e atos. Para ela, a estrada é "Pálida como um leão" (p. 152); e ao dirigir-se à rival, confessa:

> Já toda plena de mar, já minha alma, a contravento, estava voltada para a sua direção (p. 167).

Embora não assome na obra senão duas vezes, não pode a Infanta ser esquecida, tal a força de sua presença, o arrebatamento de seus atos e palavras. De início, lança-se como um furacão contra o Rei; em seguida, contra Inês, ainda que para protegê-la e convencê-la a partir para frustrar os planos inimigos, ou para opor-se ao Rei, ou ainda, para mostrar sua superioridade em relação à rival. Depois, retorna suplicante, e tal uma sombra atravessa a cena com sua estranheza.

É, no entanto, o Rei que parece apresentar maior atrativo, por sua personalidade ambígua, complexa, "incaptável". Não tem mais nenhuma razão de Estado para consentir a morte de Inês: tendo a Infanta, que ele apresentou ao filho como noiva, decidido retornar à pátria, o problema praticamente desapareceu, no momento. Dotou-o Montherlant de uma psicologia bastante complexa, estranha, e podemos melhor compreender sua concepção, lendo o Posfácio da peça *A Guerra Civil*, uma de suas últimas obras, em que o dramaturgo escreve:

> Sempre vemos César, Napoleão, como *perfis de medalha;* ao contrário, são personagens cujos contornos são difíceis de ser captados, personagens leves, vaporosas[4].

Com efeito, para Montherlant, os seres são movediços, instáveis, incongruentes, de difícil captação. E salienta o próprio autor, em "Relendo *A Rainha Morta*": "O teatro é fundado na coerência dos caracteres, e a vida é fundada na sua incoerência". Donde "a coerência" do Rei é "de ser incoerente"[5].

O Rei mostra bem o barroco claro-escuro do homem em geral, mas nele levado ao extremo. Ou, como diz o príncipe Pedro: "Querer definir o Rei, é querer construir uma estátua com a água do mar" (p. 145), pois ele oscila e passa de um para outro sentimento, sem transição. Diz ao filho:

4. *Op. cit.*, p. 1309.
5. *Op. cit.*, p. 193.

Acontece-me, quando acabo de enganar maravilhosamente alguém, ter pena dele, vendo-o tão enganado, e ter vontade de fazer algo para ajudá-lo (p. 116).

Mas, ao ouvir a observação sarcástica do filho — "Deixar-lhe um pouco daquilo que não lhe importa, tendo-o bem despojado daquilo que lhe importa" — responde, também, sarcasticamente: "É isso mesmo" (p. 116). E ele que parecia ser sincero...

A dubiedade do Rei, suas luzes e trevas, estão bem pintadas pelo pagem Dino del Moro (personagem inventada por Montherlant), que o compara, repetindo as palavras do próprio Rei, com as lucíolas "alternativamente obscuras e luminosas, luminosas e obscuras" (p. 158). Trata-se de caráter que não se elucida nunca e que vai, ao contrário, obscurecendo-se ao longo da peça, até a decisão final, que está envolta em penumbra. Não pode ver com clareza dentro de si mesmo e, dilacerado, lança, pouco antes de expirar, desesperado grito de ressonâncias hamletianas:

Ó meu Deus! nesta trégua que me resta, antes que o sabre repasse e me esmague, faça com que corte este nó espantoso de contradições que em mim existe, de maneira que, um instante pelo menos antes de deixar de viver, saiba eu enfim o que sou (p. 176).

Após a ordem de assassinar Inês, por quem se sentira atraído, já se interroga, sem resposta, sobre as razões de seu ato, no começo da última cena:

Por que é que eu a mato? Há, sem dúvida, uma razão, mas não a distingo. Não apenas Pedro não se casará com a Infanta, mas eu o armo contra mim, inexplicavelmente. Acrescento ainda um risco a este horrível manto de riscos... Por que é que eu a mato? Ato inútil, ato funesto. Mas minha vontade me aspira, e eu cometo a falta, sabendo que é uma (p. 174).

Manda, no entanto, exterminá-la, sabendo da inutilidade dessa morte, ele que antes reagira tão veementemente contra os conselhos dos gentis-homens da corte, e, mais particularmente, contra o ministro Egas Coelho, cujo perfil aparece nesta peça mais forte que nos dramaturgos anteriores. Revoltara-se contra o que julgava uma arbitrariedade, um ato absurdo, sem sentido:

Como! fazê-la morrer! Que excesso incrível! Se eu mato alguém por ter amado meu filho, que faria pois a quem o odiasse? Ela deu amor por amor, e ela o fez com meu consentimento. O amor pago com a morte! Haveria grande injustiça! (p. 131).

Inutilidade do ato. Injustiça. Mas a ordem do extermínio é dada, como se ele estivesse cansado de vacilar:

Que ao menos me desembarace imediatamente deste ato. Um remorso vale mais que uma hesitação que se prolonga (p. 174).

É esse cansaço de decidir, de pesar decisões, que já manifestara no curso da peça, ao dizer: "Examinarei isso mais tarde"; (*Pesadamente*) "Decidi bastante por hoje" (p. 163). É pois um tipo abúlico-neurastênico, como o definiu o próprio autor, já que, morta Inês, um problema a menos solicitará sua atenção e intervenção.

Sádico, mas ainda o velho rancoroso que, próximo da morte, odeia a vida que se lhe escapa e, portanto, aquela vida que Inês traz dentro de si, apesar de ser esta um prolongamento da sua. Nele existe o cansaço não só de decidir, mas também de viver e de ver ou pressentir a continuação da vida que o está abandonando, lenta mas inexoravelmente. Conversando com Inês, diz, com amargura: "Uma criança! Ainda uma criança! Isto não acabará jamais pois!" — "Ainda uma primavera que recomeça e que recomeça menos bem!" (p. 168).

O Rei é uma personagem estranha e ele o reconhece:

> Isso é estranho, mas não há senão coisas estranhas no mundo. E tanto melhor, pois gosto de coisas estranhas (p. 137).

E é por sua própria estranheza e por seu gosto pelas coisas estranhas que se lhe parecem, que sente admiração pela Infanta. O que seria mais natural que amar ao filho e ao futuro neto, poupando a vida do segundo, através da mãe? Mas não ama ao filho, que lhe parece medíocre. Ao Príncipe adulto, prefere o Príncipe criança, que já desaparecera. Há nele uma espécie de nostalgia do passado, pois o filho não é o que prometia ser, durante a infância. E, se ama a Infanta é, numa certa medida, porque "ela é o filho que eu deveria ter" (p. 114). Pai frustrado; velho monarca cansado de tomar decisões; rei indeciso e incoerente; homem e político sádico; personagem vaidosa e fraca, que comete erros — a morte de Inês é um deles — para mostrar talvez uma força inexistente e que diz, jactanciosamente: "E dizer que me crêem fraco!" (p. 174). É bem a ilustração teatral do mistério da motivação dos atos humanos.

A rica complexidade do Rei Ferrante[6], a estranheza da Infanta, e não apenas a doçura e o amor de Inês, fazem da peça

---

6. HENRY DE MONTHERLANT, numa carta inédita, assim explicou o nome do Rei: "O nome de Ferrante é um nome italiano de outrora. Queria individualizar a personagem, não fazendo dele um Afonso seguido de um número, o que já me aborrece nas peças de Shakespeare". Citação de BLANC, André. *La Reine Morte*. Paris, Hatier, 1970, p. 22.

de Montherlant um objeto digno de estudo e admiração. Se Inês é a trágica vítima de uma ordem injusta e cruel, esta ordem partiu de um Rei igualmente trágico, personificação da incoerência humana, com seus altos e baixos, amor e desamor, energia e fraqueza, grandeza e baixeza, altivez e ternura, justiça e injustiça, cansaço de reinar e sede de domínio, lídima "síntese dos contrários", para usarmos a expressão hugoana. *A Rainha Morta* é, com efeito, uma das grandes criações de Montherlant e do Teatro Francês; com este dramaturgo, perpetua a França a tradição clássica do século XVII: a originalidade na imitação, recriando personagens já conhecidas e pintadas por outros artistas que, por sua vez, partiram de um fato histórico-lendário.

Se é verdade que, tal escritor romântico, exprimiu através de suas personagens, sobretudo do Rei, o seu próprio *eu*, suas angústias e obsessões, é também verdade que, como Racine cantou a fiel Andrômaca e Corneille a devotada Chimena, ressucitando-as para leitores e espectadores, de igual maneira Montherlant cantou a doce Inês de Castro, dando-lhe vida, uma vez mais.

20. A LINGUAGEM COLOQUIAL DE NELSON RODRIGUES

É fato já por todos aceito no Brasil o papel renovador de Nelson Rodrigues no panorama da dramaturgia brasileira contemporânea, a partir de sua peça *Vestido de Noiva*[1]. Com esta, o dramaturgo conheceu a glória, tendo sido alvo de não poucos estudos que reconhecem sua importância na literatura brasileira, sua posição invulgar dentro do repertório brasileiro. Enquanto as peças nacionais tinham como cenário uma sala de visitas, "numa reminiscência empobrecedora do teatro de costumes" — como bem salienta Sábato Magaldi —, *Vestido de Noiva*

veio rasgar a superfície da consciência para apreender os processos do subconsciente, incorporando por fim à dramaturgia nacional os modernos padrões da ficção[2].

1. *Vestido de Noiva*. (Tragédia em 3 atos). In: *Teatro quase completo*, Vol. I, Rio de Janeiro, Tempo Brasileiro, 1965, pp. 113-234.
2. MAGALDI, Sábato. "O Desbravador". In: *Panorama do Teatro Brasileiro*. Ministério de Educação e Cultura/DAC/FUNARTE/SERVIÇO NACIONAL DE TEATRO, 1978, pp. 202-11.

Ora, o crítico mencionado, no seu livro *Panorama do Teatro Brasileiro*, assim intitula o capítulo que trata das peças de Nelson Rodrigues: "O desbravador", pois esse é o papel que o autor representa na moderna dramaturgia brasileira.

A renovação, porém, não se limitou ao aspecto da mudança da temática; aliás, a rigor, apenas a *Valsa n.º 6* se filia ao *Vestido de Noiva*[3]. Essa renovação se fez sentir também, e sobretudo, no domínio da fala: Nelson Rodrigues criou uma nova linguagem, abrindo caminho a não poucos dramaturgos. Se os dramaturgos da geração anterior faziam uso de um diálogo artificial, um tanto empolado e distante da fala corrente, diária, já Nelson Rodrigues adota uma linguagem que é o reflexo das conversas do homem comum, com sua gíria, com seus modismos, com seus defeitos de vocabulário, com suas incorreções gramaticais, com suas interrupções, enfim com muitas das características da linguagem coloquial.

Não encontramos no seu teatro o diálogo pomposo, artificial, supercorreto; mas o diálogo natural, simples, salpicado de incorreções. E dele poderíamos dizer — com as devidas ressalvas — aquilo que o autor francês Brunetière disse, ao falar de Molière, o genial autor cômico do século XVII, que, como se sabe, punha na boca de suas personagens, não só gíria, mas barbarismos e solecismos. Disse Brunetière:

> Os defeitos de estilo de Molière não são apenas o reverso ou o resgate de suas qualidades; são a sua própria condição. *Ele teria escrito menos bem, se tivesse melhor escrito*[4]. (O grifo é nosso.)

Ou, em outras palavras, correção gramatical, réplicas completas, coesas e encadeamento perfeito do diálogo não fazem parte do teatro de Nelson Rodrigues porque, na linguagem coloquial, o que via de regra encontramos é justamente o emprego de frases incorretas, réplicas incompletas, interrompidas — é o enunciado incompleto —, ou pelos próprios locutores ou pelos ouvintes que, intervindo, tomam a palavra, quer através de frases incompletas ou não, quer muitas vezes através de simples monossílabos ou de interjeições ou interrogações nem sempre respondidas, seguidas de sugestivos silêncios.

No seu teatro, que já é extenso — poderíamos, se julgássemos necessário, aqui fazer desfilar todos os seus títulos —,

---

3. *Valsa n.º 6* (Quase peça em 2 atos). In: *Teatro quase completo*, Vol. II. Rio de Janeiro, Tempo Brasileiro, 1965, pp. 109-52.
4. BRUNETIÈRE, Ferdinand. "La langue de Molière". In: *Études Critiques*. 3ème édition. Paris, Hachette, 1912, Tome VII, p. 101.

vamos focalizar apenas certos aspectos de algumas peças que foram classificadas pelo autor como "tragédia carioca" ou "tragédia urbana carioca", ou simplesmente "tragédia". A peça *A Falecida*[5], por exemplo, se situa entre as primeiras — "tragédia carioca" —, por estar profundamente vinculada à realidade urbana do Rio de Janeiro, pintando uma alma feminina frustrada, que vive uma vida tristonha e sem horizontes num dos subúrbios cariocas; e que irrealizada em tantos de seus mais legítimos anseios, procura pelo menos ter, quando morrer, um enterro de luxo, seu derradeiro sonho que tampouco chega a concretizar-se, porque o dramaturgo — numa ironia feroz e implacável — se abate sobre a protagonista. Com a visão de mundo negra, pessimista, que o autor jamais abdica, não poderia permitir que sua protagonista viesse a realizar-se, nem mesmo na despedida da vida. Frustrada em vida e na morte é, pois, a protagonista da peça *A Falecida*.

Mas vejamos a linguagem, as falas das personagens que, pertencendo à classe média inferior, se expressam de acordo com o seu ambiente, isto é, sem preocupações de elegância ou de perfeição formal.

O primeiro elemento que atrai a nossa atenção é a *gíria*, uma gíria bem aproveitada, que enriquece o vocabulário, se bem que esse emprego não tenha se limitado ao Rio de Janeiro. É a gíria brasileira e não mais a gíria carioca, pois não houve e não poderia haver estagnação, tendo-se expandido pelo Brasil, graças ao desenvolvimento natural dos meios de comunicação, como o rádio e a televisão, sem falarmos do cinema.

Passemos, pois, para uma característica da linguagem coloquial: as *incorreções gramaticais* das quais o dramaturgo faz uso, embora não desconheça, e bem, o idioma português. Mas, o que ele pretende, e consegue, é bem refletir a linguagem quotidiana.

Proliferam no texto certas *incorreções gramaticais*, tão próprias da linguagem coloquial, mormente nos meios populares, seja na humilde casa da protagonista, seja nos ambientes freqüentados pelas personagens que abrangem a camada modesta da população do Rio de Janeiro.

1. É a má colocação dos pronomes:
   Diz Tuninho:

   Te juro que ia fazer a minha independência (Em lugar de: juro-te que ia...)

5. *A Falecida* (Tragédia carioca em 3 atos). In: *Teatro Quase Completo*. Vol. II, Rio de Janeiro, Tempo Brasileiro, 1965, pp. 153-250.

2. É o emprego do verbo *ter* por *haver*, brasileirismo muito freqüente:
   2.1. Quando Tuninho, já em casa, vai ao banheiro e pergunta:

   – *Tem* gente? (por "Há gente?")
   – *Tem* gente.

   2.2. Quando, na Agência Funerária, conversam os funcionários, preocupados apenas com os possíveis ganhos e com os concorrentes:

   – Tinha outro na tua frente? (por "Havia outro"..)

3. É a *mistura das formas de tratamento*, muito usual na linguagem falada e sobretudo carioca:
   Emprego do *tu* e *você*:

   "*Você* é besta", diz Oromar que, na réplica anterior dissera: "E *tu* achas que vou perder um jogão daqueles?".

Sem pretendermos esgotar este aspecto da linguagem coloquial do teatro de Nelson Rodrigues, passemos a outra característica.

Fazem-se também presentes, com freqüência, as *falas curtas*, e mesmo constituídas de simples *interrogações* ou *exclamações*, isoladas, com elipse do verbo e de outros elementos, mas ricas de sentido, dispensando grandes frases com um começo, meio e fim. É uma verdadeira economia verbal.

Tomemos agora outra peça: *Boca de Ouro*[6], cujo subtítulo é *Tragédia carioca* em três atos (1959) e que, de maneira evidente, acusa a influência do dramaturgo italiano Pirandello sobre o autor brasileiro, no que diz respeito à teoria do relativismo psicológico. Tal o herói pirandelliano que apresenta tantas faces quantas são as pessoas que o contemplam, refletindo a subjetividade do observador que cria imagens múltiplas, o protagonista de Nelson Rodrigues – Boca de Ouro –, visto por sua mulher, ilustra que até mesmo a relação entre dois indivíduos é fluida, mutável, dependendo do estado emocional de cada um: no caso, da mulher de Boca de Ouro.

D. Guigui, a esposa do bicheiro Boca de Ouro, ao ser entrevistada por um repórter, como está ressentida pelo fato de ter sido abandonada por ele, descreve-o como um horrível criminoso. Ao saber, porém, que fora assassinado, o ressentimento se

---

6. *Boca de Ouro* (Tragédia carioca em 3 atos). In: *Teatro quase completo*. Vol. III, Rio de Janeiro, Tempo Brasileiro, 1966. pp. 215-35.

transforma em ternura e a imagem que pinta do marido é já diferente, traçada com melhores cores. Finalmente, no terceiro depoimento, ela o embelezou completamente, a tal ponto que leva à dúvida quanto à real existência do marido. Afinal, como é Boca de Ouro? Quem é ele? Essa é a intriga, em linhas resumidíssimas.

Pois bem, o começo da peça, com o diálogo entre Boca de Ouro e o dentista é o melhor exemplo de economia verbal: lacônicas perguntas e respostas, repetições de palavras em tons diferentes que refletem diferentes estados anímicos, curtas interrogações respondendo a curtas interrogações, ausência de verbos... A prepotência, a vaidade e a ignorância do Boca de Ouro, de um lado; a cultura, ou melhor, a eficiência, o orgulho profissional, e o medo do dentista, do outro lado.

Transcrevamos em parte esta cena inicial, que mostra o protagonista ainda sentado na cadeira do dentista, após o exame:

— Pronto?
— Pode sair.
— Que tal, doutor?
— Meu amigo, está de parabéns!
— (Abrindo seu riso largo de cafageste) — Acha?
— Rapaz, te digo com sinceridade: nunca vi, em toda a minha vida — trabalho nisso há 20 anos — e nunca vi, palavra de honra, uma boca tão perfeita!
— *Batata?*
— Dentes de artista de cinema. E não falta um!
Quer dizer, uma perfeição!
— Sabe que quando eu *vejo* falar em dor de dentes, fico besta? Nunca tive esse *troço!*
— Lógico.
— Pois é, doutor: agora vou-me sentar, outra vez, porque eu queria um servicinho seu, caprichado, doutor!
— Na boca?
— Na boca.
— Meu amigo, é um crime mexer na sua boca!
— Mas o senhor vai mexer, vai tirar tudo.
Tudo, doutor!
— Tirar os dentes?
— Meus dentes. Os 32 — são 32? — pois é: os 32 dentes.
— E o senhor quer que eu tire?
— Eu pago, doutor! Meu *chapa,* eu pago!
— Nunca!
— O senhor vai tirar, sim, vai tirar, doutor!
Vai arrancar tudo!
— Mas por que? a troco de quê?
— Eu pago!
— Meu amigo, passar bem.
— O senhor vai arrancar todos os dentes, porque eu quero uma dentadura de ouro!
— Ouro?

- Ouro.
- Não se usa dentadura de ouro. Meu amigo, que é que há?
- Mas eu quero e daí?
- Meu amigo, olha: é contra meus princípios fazer, conscientemente, um serviço mal feito. Não há hipótese! E eu sou catedrático de Odontologia!
- O senhor está com medo de tomar um *beiço?*
- Eu tenho clientes na sala...
- Mas eu pago! Doutor, eu já lhe disse que pago. O senhor quer dinheiro? Dinheiro há! Dinheiro há! Toma!
- O senhor está me desacatando?
- Que conversa é essa, doutor? Dinheiro não desacata ninguém! *Fala* para mim: eu desacatei *o senhor?* Quero uma boca todinha de ouro!
- Em cima e em baixo?
- Tudo!
- Mas *olha: não diz que fui eu,* porque os meus colegas vão achar um serviço porco! Muito feio!
- Feio?
- De mau gosto.
- Quem acha ouro feio é burro!
- Senta!
- É uma besta, Doutor, o senhor não entende! Ninguém entende! Mas desde garotinho – eu era moleque de pé no chão – desde garotinho que quero ter uma boca de ouro...
- Abre a boca!

Além do tipo das falas, faz-se necessário assinalar o vocabulário, com a presença de brasileirismos como: "Batata?" (que aqui significa "com certeza?", podendo também, em outro contexto, equivaler a "asneira", "tolice"); "troço" (que aqui tem o sentido de "essa coisa" ou "qualquer coisa", mas que pode também ser usado para designar, popularmente, "uma pessoa importante"); "chapa" (que é termo de *gíria*, equivalendo a "camarada", "amigo", "companheiro"); "beiço" (gíria no sentido de "golpe ou soco nos lábios, na boca")[7].

Tais termos, bem como a forma verbal incorreta – "*Fala* para mim: eu desacatei *o senhor?* –, a impropriedade no uso de certos vocábulos, como em "sabe que quando eu *vejo* falar em dor de dentes, fico besta?", partem, como é natural, do pouco letrado paciente. Porém, o próprio dentista, que é necessariamente mais culto, não está livre de usar incorretamente formas verbais, como "mas olha: Não *diz* que fui eu..." etc.

Nesta cena, estamos diante de um prepotente ignorante que brande seu dinheiro e faz recuar o honesto dentista, estando

---

7. CALDAS, Aulete. *Dicionário Contemporâneo da Língua Portuguesa.* Rio de Janeiro, Ed. Bloch, 1964, 5 vols. (exceto o termo "beiço", cuja explicação é nossa).

este mais temeroso da força brutal que atraído pelo ganho. É o que nos revela esse hábil diálogo em que predominam, como vimos, as réplicas curtas, incisivas, plenas de sugestões psicológicas e sociais.

Outra das obras mais admiradas do dramaturgo que ora nos ocupa é *Bonitinha mas Ordinária*[8], em que — reconheçamos — numa espécie de maniqueísmo, aparecem: de um lado, os corruptos que, com o dinheiro, pretendem tudo comprar, inclusive a moral (sendo rodeados pelos que se vendem ou venderam); do outro, os que resistem a essa transação, mantendo-se, com dificuldade, na pureza (Edgard, o protagonista) ou a ela retornando, com não menos dificuldades (Ritinha, a apaixonada de Edgard). É uma das únicas peças, em que desponta no dramaturgo um raio de otimismo e de fé em relação ao homem, visualmente traduzido, no final da obra, pelo nascer do sol, à beira do mar, servindo de fundo ao casal Ritinha-Edgard, que pretende encetar novo tipo de vida.

Nesta peça, focalizaremos as *interrupções*, acidente da linguagem usado no teatro como na vida, e que trai ou traduz a veemência das paixões, permitindo obter efeitos trágicos ou cômicos, por uma oposição mais nítida das réplicas. Procedimento de uso corrente na linguagem coloquial é interessante sob o *ponto de vista psicológico*, podendo exprimir toda uma gama de sentimentos, desde a timidez até o espanto e a preocupação, sem falarmos do medo, da indignação ou da tentação, entre outros.

Vejamos alguns exemplos tomados ao acaso:

O porteiro do edifício em que vivem Ritinha e família, é modesto, tímido, mas bom, e resolve avisar Ritinha quanto às más atitudes de Alírio, o namorado da irmã da jovem. Fala de maneira entrecortada, com frases incompletas, omitindo verbos, repetindo termos, interrompendo-se, como que à busca de palavras certas, que ele completa com uma expressão popular, interrompendo-se novamente até que as últimas frases saem completas, numa espécie de liberação e desafogo.

Ouçamo-lo:

— Esse rapaz, o Alírio. Sim, o Alírio D. Ritinha, o Alírio não é namorado pra D. Aurora. Um sujeito que. Não é flor que se cheire. A maldade que ele faz aos bichos. Outro dia. A senhora pode perguntar por aí. Outro dia cegou um gato com a ponta de um cigarro. E com a gilete — eu vi, D. Ritinha, raspar a perna de um passarinho!

---

8. *Bonitinha mas Ordinária ou Otto Lara Resende*. In: *Teatro quase completo*. Vol. IV, Rio de Janeiro, Tempo Brasileiro, 1966.

E o diálogo que se segue é marcado por interrupções, em forma interrogativa, melhor sugerindo a alma atônita de Ritinha e a preocupação do porteiro, que não tem necessidade de exprimir-se total e claramente através de palavras, pois as que disse estão plenas de sugestões.

Os enunciados inacabados, e na forma interrogativa, também falam mais e melhor dos sentimentos de Ritinha:

— Mas tem a certeza que o Alírio?
— D. Ritinha, essa eu vi. E sujeito que mata bicho...
— O Alírio?
— A senhora não acha, hem, D. Ritinha?

Já Aurora, a irmã de Ritinha, na ausência desta, ao ser convidada para sair com Alírio — um "mau caráter", "um pinta brava", como diria a gíria, gíria que Nelson Rodrigues não usou, na verdade —, fala sem completar suas frases. Mas suas respostas, algumas interrompidas e depois completadas por ela mesma, de maneira lacônica, são muito expressivas quanto à autoridade de Ritinha sobre ela:

— E Ritinha?
— Não amola com Ritinha!
— Porque, olha. Se a Ritinha sabe ou desconfia é capaz de. Me come viva! Você não conhece Ritinha. Ritinha é fogo.

Quando o rico Werneck, o pretenso futuro sogro de Edgard, indignado contra o ataque físico de que a filha foi vítima, exalta a ingenuidade da adolescente ao próprio Edgard, deixa também frases em suspenso. É como se estivesse sufocado pela ira, que o obriga a interromper-se; e a frase mais importante — a que aborda o assunto do casamento da filha — fica incompleta, apelando ele para Peixoto, pois este deve ajudá-lo: "Como é Peixoto?"

— Uma menina que, ainda hoje, ainda hoje. Ainda hoje. Se você perguntar, digamos: — onde é a Praça Mauá? Ou a rua do Ouvidor. Não sabe. Mas vamos ao. Como é, Peixoto?

A interrupção nas falas de Ritinha, já quase no final da peça, tem um valor especial, pleno de matizes psicológicos. Edgard, que não mais se casará com a filha de Werneck e que vai queimar o cheque de cinco milhões recebido para aquele fim, encontra em Ritinha uma certa oposição, uma vez que ela está preocupada com o futuro e a falta de dinheiro. Ela hesita, enquanto ele a estimula a falar:

— Cinco milhões e vou queimar.

- Escuta.
- Fala.
- É muito dinheiro. E você não acha que.
- Continua.
- Vamos viver juntos. E esse dinheiro.
- Acaba!
- Esse dinheiro pode ser importante para nós.

Esta visão da linguagem teatral de Nelson Rodrigues seria falha, se não focalizássemos, se bem que rapidamente, uma peça que é considerada uma das grandes criações do autor: *Senhora dos Afogados*[9].

Em *Senhora dos Afogados*, peça em que, à maneira de Eugene O'Neill, ainda que não em trilogia, trata Nelson Rodrigues do tema esquiliano e sofocliano de *Electra* — a figura mitológica da filha que odeia a mãe e está obcecada pelo pai —, notamos que a linguagem, sem deixar de ser coloquial, conserva, no entanto, uma certa nobreza. Sem usar termos ou expressões rebuscadas, sem apresentar construções de frases excessivamente trabalhadas, completas, mesmo assim transmite um tom nobre, podendo-se dizer que essa nobreza provém, em parte, da quase total ausência de gíria. Há pouco emprego de gíria, ou de expressões vulgares, bem como, de certa maneira, de incorreções gramaticais.

Se as outras peças — as "tragédias cariocas" ou aquelas que, sem trazerem a denominação "carioca", se passam no Rio de Janeiro — estão caracterizadas por certas incorreções gramaticais, algumas por nós já sublinhadas, já esta tragédia que é uma transposição moderna do mito de Eletra, não localizada no espaço, pois poderia passar-se no Rio de Janeiro ou em outra cidade ou em outro país, apresenta uma linguagem sob certo aspecto neutra. A forma de tratamento entre as personagens é, de maneira geral, sempre *tu*, seguido do verbo empregado corretamente. Aparecem, no entanto, alguns empregos de *você* acompanhado da forma verbal correta. Esta passagem do *tu* para *você* tem, porém, um significado especial, merecendo que nela nos detenhamos. Traduz, de forma notável, o estado de espírito dos protagonistas; expressa matizes psicológicos na reação das personagens. É o caso, por exemplo, de Misael (o Agamemnon da peça) que sempre usa a forma *tu* ao falar com a esposa (a Clitemnestra moderna) e que passa, por um breve momento, a

9. *Senhora dos Afogados* (Tragédia em 3 atos e 6 quadros). In: *Teatro quase completo*. Vol. II, Rio de Janeiro, Tempo Brasileiro, 1965, pp.251--371.

tratá-la por *você*. Isto se dá, justamente, quando ele observa que todos falaram do crime de uma mulher, ocorrido no dia do casamento dele e das acusações que caíram e caem sobre ele.

A esposa, interrogando-o, diz:

— Menos eu.

ao que ele, perdido nas evocações, nas considerações e conjeturas sobre a atitude da esposa, retruca:

— Menos *você*... *Você* não falou nunca... Vira o rosto quando surge este assunto; ou foge... E por que *você*, hoje, só fala nisso? Sabes (*tu*) por que me acusam? (...)

retomando, em seguida, a forma usual de tratamento, como que a pretender uma retomada de posição, inatacável, após um instante de debilidade. Essa passagem rápida de *tu* para *você* e o retorno ao *tu* são sumamente expressivos, traduzindo, entre outras, as angústias da personagem, seu desejo de auto-defesa, e pondo, conseqüentemente, sua alma a nu.

E outros casos podem ser encontrados de tal mudança de forma de tratamento, como os que passamos a apresentar, e que revelam, agora, uma vontade de impor a autoridade, sem admitir recusas, principalmente porque houve um esboço de não obediência, por parte de Moema (a Eletra); esta não gostaria de rezar pela irmã morta recentemente, mesmo porque, como sabemos no final, ela é a responsável por essa morte, motivada pelo ciúme e o desejo de ser filha única, a única amada pelo pai. Ouçamo-los a partir de Eduarda, mãe de Moema:

D. Eduarda	—	Eu direi uma oração...
Misael	—	Tu dizes e eu repito.
D. Eduarda	—	Nós todos.
Moema	—	(recuando) — Eu também?
D. Eduarda	—	*Você* também.
Misael	—	*Você* Moema. Toda a família.

Não domínio da língua, por parte de Nelson Rodrigues? Ou, ao contrário, perfeito controle da língua, sabendo tirar partido inclusive das incorreções que fazem parte da fala quotidiana e que, no teatro, contribuem para a pintura psicológica das personagens, tornando-as mais humanas.

Não há, nesta peça, o emprego incorreto do pronome oblíquo no começo da frase, salvo em certas falas e nestes casos, ao contrário das outras peças, tem uma justificativa psicológica; pinta a alma das personagens, com seus mistérios. Um dos casos é o da fala de Misael; e o outro, de Eduarda, sua mulher. Vejamos em que circunstâncias: quando Misael, que já recebeu a notícia da morte, no mar, de uma de suas filhas, comenta com Moema as raras visitas do noivo desta:

— Teu noivo vinha sempre e agora quase não vem... (desesperado e lento) E por que ele me olha tanto quando está aqui?
Me olha como olhavam no banquete...

que devemos entender como "com olhares de ódio, acusadores" recaindo sobre o *me*.

E a mulher também se expressa de idêntica maneira, justamente com o mesmo verbo *olhar*. Falando ao filho Paulo, o novo Orestes, comenta as atitudes estranhas de Moema, desde a morte da primeira irmã que foi, como a segunda, sob certa forma, vítima do mar. Diz a mãe:

— (Moema) Mudou tanto, mas tanto!...
Desde que Dora morreu já não é a mesma...
Comigo, então! *Me* olha como se me odiasse!

Este emprego incorreto, com o mesmo verbo — *olhar* — que traduz em ambos os casos o mesmo sentimento de ódio, está como que revestido de uma forte carga expressiva. O correto "Olha-me como me olhavam no banquete..." ou "Olha-me como se me odiasse" soariam falso aos ouvidos dos espectadores, habituados ao emprego do *me* anteposto ao verbo. Com este emprego — corrente na linguagem conversacional — aumenta a expressividade, donde o seu valor em termos de teatralidade. A forma "me olha", defeituosa sob o ponto de vista gramatical, é perfeita sob o ponto de vista teatral, causando maior impacto sobre os espectadores.

E o mesmo pode ser dito quanto às palavras de Paulo, dominado pela idéia de encontrar o cadáver da irmã e amedrontado pela possível deterioração do rosto, à qual Moema se referiu. Diz ele a Moema:

— *Te* juro que não olho para o rosto, se ele é assim tão feio...

ou, ainda, quanto à fala de Misael, evocando com a esposa sua noite de núpcias, cuja data coincide com a morte de uma mulher, crime do qual é ele o único suspeito. Diz a personagem, evocativa:

— *Te* lembras da nossa primeira noite?

Esses e outros exemplos não prejudicam — digamos — a nobreza da linguagem; e, ao mesmo tempo, poëm em relevo os sentimentos e paixões das personagens, aumentando conseqüentemente a teatralidade da obra.

Concluindo, devemos insistir no papel renovador de Nelson Rodrigues no campo da literatura dramática brasileira contemporânea, uma vez que muitos autores lhe seguiram as pegadas, não apenas quanto às técnicas dramatúrgicas, mas também, e sobretudo, quanto à expressão verbal, reflexo da linguagem coloquial.

(Conferência proferida a
24 de abril de 1979,
na *Universidade de Hamburgo*)

COLEÇÃO DEBATES

1. *A Personagem de Ficção*, Antonio Candido e outros.
2. *Informação, Linguagem, Comunicação*, Décio Pignatari.
3. *Balanço da Bossa e Outras Bossas*, Augusto de Campos.
4. *Obra Aberta*, Umberto Eco.
5. *Sexo e Temperamento*, Margaret Mead.
6. *Fim do Povo Judeu?*, Georges Friedmann.
7. *Texto/Contexto*, Anatol Rosenfeld
8. *O Sentido e a Máscara*, Gerd A. Borheim.
9. *Problemas da Física Moderna*, W. Heisenberg, E. Schrödinger, M. Born e P. Auger.
10. *Distúrbios Emocionais e Anti-Semitismo*, N. W. Ackerman e M. Jahoda.
11. *Barroco Mineiro*, Lourival Gomes Machado.
12. *Kafka: Pró e Contra*, Günther Anders.
13. *Nova História e Novo Mundo*, Frédéric Mauro.
14. *As Estruturas Narrativas*, Tzvetan Todorov.
15. *Sociologia do Esporte*, Georges Magnane.
16. *A Arte no Horizonte do Provável*, Haroldo de Campos.
17. *O Dorso do Tigre*, Benedito Nunes.

18. *Quadro da Arquitetura no Brasil*, Nestor G. Reis Filho.
19. *Apocalípticos e Integrados*, Umberto Eco.
20. *Babel & Antibabel*, Paulo Rónai.
21. *Planejamento no Brasil*, Betty Mindlin Lafer.
22. *Lingüística, Poética, Cinema*, Roman Jakobson.
23. *LSD*, John Cashman.
24. *Crítica e Verdade*, Roland Barthes.
25. *Raça e Ciência I*, Juan Comas e outros.
26. *Shazam!*, Álvaro de Moya.
27. *Artes Plásticas na Semana de 22*, Aracy Amaral.
28. *História e Ideologia*, Francisco Iglésias.
29. *Peru: da Oligarquia Econômica à Militar*, A. Pedroso d'Horta.
30. *Pequena Estética*, Max Bense.
31. *O Socialismo Utópico*, Martin Buber.
32. *A Tragédia Grega*, Albin Lesky.
33. *Filosofia em Nova Chave*, Susanne K. Langer.
34. *Tradição, Ciência do Povo*, Luís da Câmara Cascudo.
35. *O Lúdico e as Projeções do Mundo Barroco*, Affonso Ávila.
36. *Sartre*, Gerd A. Borheim.
37. *Planejamento Urbano*, Le Corbusier.
38. *A Religião e o Surgimento do Capitalismo*, R. H. Tawney.
39. *A Poética de Maiakóvski*, Boris Schnaiderman.
40. *O Visível e o Invisível*, M. Merleau-Ponty.
41. *A Multidão Solitária*, David Riesman.
42. *Maiakóvski e o Teatro de Vanguarda*, A. M. Ripellino.
43. *A Grande Esperança do Século XX*, J. Fourastié.
44. *Contracomunicação*, Décio Pignatari.
45. *Unissexo*, Charles F. Winick.
46. *A Arte de Agora, Agora*, Herbert Read.
47. *Bauhaus: Novarquitetura*, Walter Gropius.
48. *Signos em Rotação*, Octavio Paz.
49. *A Escritura e a Diferença*, Jacques Derrida.
50. *Linguagem e Mito*, Ernst Cassirer.
51. *As Formas do Falso*, Walnice N. Galvão.
52. *Mito e Realidade*, Mircea Eliade.
53. *O Trabalho em Migalhas*, Georges Friedmann.
54. *A Significação no Cinema*, Christian Metz.
55. *A Música Hoje*, Pierre Boulez.
56. *Raça e Ciência II*, L. C. Dunn e outros.
57. *Figuras*, Gérard Genette.
58. *Rumos de uma Cultura Tecnológica*, Abraham Moles.
59. *A Linguagem do Espaço e do Tempo*, Hugh M. Lacey.
60. *Formalismo e Futurismo*, Krystyna Pomorska.
61. *O Crisântemo e a Espada*, Ruth Benedict.
62. *Estética e História*, Bernard Berenson.
63. *Morada Paulista*, Luís Saia.
64. *Entre o Passado e o Futuro*, Hannah Arendt.
65. *Política Científica*, Heitor G. de Souza, Darcy F. de Almeida e Carlos Costa Ribeiro.
66. *A Noite da Madrinha*, Sergio Miceli.
67. *1822: Dimensões*, Carlos Guilherme Mota e outros.
68. *O Kitsch*, Abraham Moles.
69. *Estética e Filosofia*, Mikel Dufrenne.
70. *O Sistema dos Objetos*, Jean Baudrillard.

71. *A Arte na Era da Máquina*, Maxwell Fry.
72. *Teoria e Realidade*, Mario Bunge.
73. *A Nova Arte*, Gregory Battcock.
74. *O Cartaz*, Abraham Moles.
75. *A Prova de Gödel*, Ernest Nagel e James R. Newman.
76. *Psiquiatria e Antipsiquiatria*, David Cooper.
77. *A Caminho da Cidade*, Eunice Ribeiro Durhan.
78. *O Escorpião Encalacrado*, Davi Arrigucci Júnior.
79. *O Caminho Crítico*, Northrop Frye.
80. *Economia Colonial*, J. R. Amaral Lapa.
81. *Falência da Crítica*, Leyla Perrone Moisés.
82. *Lazer e Cultura Popular*, Joffre Dumazedier.
83. *Os Signos e a Crítica*, Cesare Segre.
84. *Introdução à Semanálise*, Julia Kristeva.
85. *Crises da República*, Hannah Arendt.
86. *Fórmula e Fábula*, Willi Bolle.
87. *Saída, Voz e Lealdade*, Albert Hirschman.
88. *Repensando a Antropologia*, E. R. Leach.
89. *Fenomenologia e Estruturalismo*, Andrea Bonomi.
90. *Limites do Crescimento*, Donella H. Meadows e outros (Clube de Roma).
91. *Manicômios, Prisões e Conventos*, Erving Goffman.
92. *Maneirismo: O Mundo como Labirinto*, Gustav R. Hocke.
93. *Semiótica e Literatura*, Décio Pignatari.
94. *Cozinhas, etc.*, Carlos A. C. Lemos.
95. *As Religiões dos Oprimidos*, Vittorio Lanternari.
96. *Os Três Estabelecimentos Humanos*, Le Corbusier.
97. *As Palavras sob as Palavras*, Jean Starobinski.
98. *Introdução à Literatura Fantástica*, Tzvetan Todorov.
99. *Significado nas Artes Visuais*, Erwin Panofsky.
100. *Vila Rica*, Sylvio de Vasconcellos.
101. *Tributação Indireta nas Economias em Desenvolvimento*, J. F. Due.
102. *Metáfora e Montagem*, Modesto Carone.
103. *Repertório*, Michel Butor.
104. *Valise de Cronópio*, Julio Cortázar.
105. *A Metáfora Crítica*, João Alexandre Barbosa.
106. *Mundo, Homem, Arte em Crise*, Mário Pedrosa.
107. *Ensaios Críticos e Filosóficos*, Ramón Xirau.
108. *Do Brasil à América*, Frédéric Mauro.
109. *O Jazz, do Rag ao Rock*, Joachim E. Berendt.
110. *Etc..., Etc..., (Um Livro 100% Brasileiro)*, Blaise Cendrars.
111. *Território da Arquitetura*, Vittorio Gregotti.
112. *A Crise Mundial da Educação*, Philip H. Coombs.
113. *Teoria e Projeto na Primeira Era da Máquina*, Reyner Banham.
114. *O Substantivo e o Adjetivo*, Jorge Wilheim.
115. *A Estrutura das Revoluções Científicas*, Thomas S. Kuhn.
116. *A Bela Época do Cinema Brasileiro*, Vicente de Paula Araújo.
117. *Crise Regional e Planejamento*, Amélia Cohn.
118. *O Sistema Político Brasileiro*, Celso Lafer.
119. *Êxtase Religioso*, I. Lewis.
120. *Pureza e Perigo*, Mary Douglas.

121. *História, Corpo do Tempo*, José Honório Rodrigues.
122. *Escrito sobre um Corpo*, Severo Sarduy.
123. *Linguagem e Cinema*, Christian Metz.
124. *O Discurso Engenhoso*, Antonio José Saraiva.
125. *Psicanalisar*, Serge Leclaire.
126. *Magistrados e Feiticeiros na França do Século XVII*, R. Mandrou.
127. *O Teatro e sua Realidade*, Bernard Dort.
128. *A Cabala e seu Simbolismo*, Gershom G. Scholem.
129. *Sintaxe e Semântica na Gramática Transformacional*, A. Bonomi e G. Usberti.
130. *Conjunções e Disjunções*, Octavio Paz.
131. *Escritos sobre a História*, Fernand Braudel.
132. *Escritos*, Jacques Lacan.
133. *De Anita ao Museu*, Paulo Mendes de Almeida.
134. *A Operação do Texto*, Haroldo de Campos.
135. *Arquitetura, Industrialização e Desenvolvimento*, Paulo J. V. Bruna.
136. *Poesia-Experiência*, Mário Faustino.
137. *Os Novos Realistas*, Pierre Restany.
138. *Semiologia do Teatro*, J. Guinsburg e J. Teixeira Coelho Netto.
139. *Arte-Educação no Brasil*, Ana Mae T. B. Barbosa.
140. *Borges: Uma Poética da Leitura*, Emir Rodríguez Monegal.
141. *O Fim de uma Tradição*, Robert W. Shirley.
142. *Sétima Arte: Um Culto Moderno*, Ismail Xavier.
143. *A Estética do Objetivo*, Aldo Tagliaferri.
144. *A Construção do Sentido na Arquitetura*, J. Teixeira Coelho Netto.
145. *A Gramática do Decamerão*, Tzvetan Todorov.
146. *Escravidão, Reforma e Imperialismo*, R. Graham.
147. *História do Surrealismo*, M. Nadeau.
148. *Poder e Legitimidade*, José Eduardo Faria.
149. *Práxis do Cinema*, Noel Burch.
150. *As Estruturas e o Tempo*, Cesare Segre.
151. *A Poética do Silêncio*, Modesto Carone.
152. *Planejamento e Bem-Estar Social*, Henrique Rattner.
153. *Teatro Moderno*, Anatol Rosenfeld.
154. *Desenvolvimento e Construção Nacional*, S. N. Eisenstadt.
155. *Uma Literatura nos Trópicos*, Silviano Santiago.
156. *Cobra de Vidro*, Sérgio Buarque de Holanda.
157. *Testando o Leviathan*, Antonia Fernanda Pacca de Almeida Wright.
158. *Do Diálogo e do Dialógico*, Martin Buber.
159. *Ensaios Lingüísticos*, Louis Hjelmslev.
160. *O Realismo Maravilhoso*, Irlemar Chiampi.
161. *Tentativas de Mitologia*, Sérgio Buarque de Holanda.
162. *Semiótica Russa*, Boris Schnaiderman.
163. *Salões, Circos e Cinema de São Paulo*, Vicente de Paula Araújo.
164. *Sociologia Empírica do Lazer*, Joffre Dumazedier.
165. *Física e Filosofia*, Mário Bunge.
166. *Semiótica, Informação e Comunicação*, J. Teixeira Coelho Netto.
167. *O Teatro Ontem e Hoje*, Célia Berrettini.

Impressão e acabamento:
IMPRENSA METODISTA
Av. Senador Vergueiro, 1301
São Bernardo do Campo — SP